AF558218

Andreas Löhrer

Bella Ciao

Auf den Spuren eines Partisanenliedes

Verlag Edition AV

Andreas Löhrer
Bella Ciao
Auf den Spuren eines Partisanenliedes

CIP-Titelaufnahme der Deutschen Nationalbibliothek:
Andreas Löhrer - Bella Ciao. Auf den Spuren eines Partisanenliedes
Auflage 1. Tsd., Bodenburg
ISBN 978-3-86841-291-8

1. Auflage 2023
© 2023 by Verlag Edition AV, Bodenburg

Alle Rechte vorbehalten!

Ohne ausdrückliche Genehmigung des Verlages ist es nicht gestattet, das Buch oder Teile daraus auf fotomechanischem Weg (Fotokopie, Mikrokopie usw.) zu vervielfältigen oder in elektronische Systeme einzuspeichern, zu verarbeiten oder zu verbreiten.

Der Verlag unterstützt die Arbeit der Kurt-Wolff-Stiftung

Umschlag: Jürgen Mümken
Satz: Andreas W. Hohmann
Druck: Druckerei Kleb, Wangen

Printed in Germany

ISBN 978-3-86841-291-8

Inhalt

Una mattina mi son svegliato,
o bella, ciao! bella, ciao! bella, ciao, ciao, ciao!
Una mattina mi son svegliato,
e ho trovato l'invasor.

O partigiano, portami via,
o bella, ciao! bella, ciao! bella, ciao, ciao, ciao!
O partigiano, portami via,
ché mi sento di morir.

E se io muoio da partigiano,
o bella, ciao! bella, ciao! bella, ciao, ciao, ciao!
E se io muoio da partigiano,
tu mi devi seppellir.

E seppellire lassù in montagna,
o bella, ciao! bella, ciao! bella, ciao, ciao, ciao!
E seppellire lassù in montagna,
sotto l'ombra di un bel fior.

Tutte le genti che passeranno,
o bella, ciao! bella, ciao! bella, ciao, ciao, ciao!
Tutte le genti che passeranno,
Mi diranno «Che bel fior!»

«È questo il fiore del partigiano»,
o bella, ciao! bella, ciao! bella, ciao, ciao, ciao!
«È questo il fiore del partigiano,
morto per la libertà!»

Einleitung

Es gibt Lieder, die setzen sich im Gedächtnis fest. Wir kennen sie, scheinen sie schon immer gekannt zu haben, wissen aber eigentlich nicht genau, woher sie kommen, wofür sie stehen, was ihre Ursprünge sind. Sie sind eingegangen ins kollektive Gedächtnis einer ganzen Generation. Das können Lieder aus der Volksliedtradition sein, aber auch aus dem Bereich der Popmusik oder des Jazz.

Vor mehr als 10 Jahren habe ich ein Buch über die Geschichte des Liedes „Lili Marleen" der spanischen Germanistin Rosa Sala Rose aus dem Spanischen übersetzt. Auch „Lili Marleen" ist solch ein Lied. Oder „La Paloma". Das Münchner Trikont-Label hat bereits in den 1990er Jahren eine ganze Serie von CDs mit unterschiedlichen Versionen von „La Paloma" herausgegeben. Über diese Lieder wurde bereits geforscht und publiziert.

„Bella ciao" gehört in dieselbe Kategorie. Sehr viele kennen es, die besser Informierten wissen immerhin, dass es sich um ein italienisches Partisanenlied handelt. Aber weitergehende Kenntnisse haben die Wenigsten. In Italien wird es jedes Jahr zum 25. April gesungen, dem Jahrestag der Befreiung von der Besatzung durch die Wehrmacht und von der faschistischen Herrschaft unter Mussolini. Es wurde und wird aber auch bei anderen Demonstrationen in Italien gesungen, und das schon seit den 1960er Jahren. Auch außerhalb Italiens ist das Lied bekannt. Yves Montand und Milva sangen es, die chilenische Gruppe Quilapayún und der Chor der Roten Armee, Hannes Wader und Zupfgeigenhansel.

Gesungen wurde es in den letzten Jahren in Istanbul bei den Demonstrationen um den Gezi-Park, ebenso in der syrisch-kurdischen Stadt Kobanê, wo kurdische Milizen, darunter viele Frauen, die Terroristen des IS zurückgedrängt hatten. Es wurde gesungen bei Demonstrationen in arabischen Ländern und von den Aktivistinnen der „grünen Revolution" im Iran.

In der jüngsten Zeit hat die Bekanntheit von „Bella ciao" noch einmal einen neuen Schub erfahren, besonders bei der jüngeren Generation. Die spanische Netflix-Serie „La casa de papel" (deutscher Titel: „Haus des Geldes") hat es erneut bekannt gemacht, weil einer der Protagonisten der Serie dieses Lied singt. In dieser Serie geht um einen Überfall auf die spanische Banknotendruckerei. Einer der Köpfe der Bande, „El profesor" genannt", singt das Lied und wir erfahren, dass er es von seinem Großvater gelernt hat, der in Italien mit den Partisanen gekämpft hatte. Wenn es stimmt, dass diese Serie die meistgesehene nicht-englischsprachige Netflix-Serie überhaupt ist, können wir uns vorstellen, was das für die Verbreitung von „Bella ciao" bedeutet hat. Sofort gab es mehrere neue Versionen, DJs haben es remixed und es wurde sogar zu einer Art Sommerhit. Aber kaum jemand wusste, zu was für einem Lied da gerade getanzt wurde.

In diesem kleinen Band soll es um die Ursprünge dieses Liedes gehen: Wie kam es zum Partisanenlied? Ist es überhaupt ein echtes Partisanenlied oder wurde es erst in der Nachkriegszeit geschrieben? Gibt es eventuelle Vorläufer? Wie hat sich „Bella ciao" verbreitet, in Italien und darüber hinaus? Gerade auch die Verbreitung in Deutschland, in den damaligen beiden deutschen Staaten, der BRD und der DDR, soll hier untersucht werden. Wir gehen dafür zurück in die Folk- und Liedermacherszene der 1960er Jahre und zu den Festivals des Politischen Liedes in Ostberlin. Welche gesellschaftliche Bedeutung hatte und hat das Lied? Wer singt es und in welchen Zusammenhängen? Wie erklärt sich der große Erfolg? Warum wird es in aller Welt und in den unterschiedlichsten Sprachen gesungen? Diesen Fragen möchte ich in diesem Buch nachgehen.

Da viele Leserinnen und Leser die Geschichte der italienischen Resistenza, jener 20 Monate des Partisanenkampfs gegen die deutsche Besatzung und das faschistische Mussolini-Regime von September 1943 bis April 1945, kaum kennen, hätte es vielleicht nahegelegen, ein historisches Kapitel zu diesem Thema einzufügen; dies hätte aber den Rahmen des Buches und des Themas gesprengt. Außerdem gibt es dazu bereits Publikationen in deutscher Sprache, z.B. „Banditi e ribelli. Die italienische Resistenza 1943–1945", den Katalog zu einer Fotoausstellung, herausgegeben vom Istoreco (Institut für die Geschichte der Resistenza) in Reggio Emilia, mit Texten des italienischen Historikers Santo Peli.

Zur allgemeinen Orientierung habe ich am Ende des Buches eine kurze Chronologie eingefügt, die die wichtigsten Daten und Ereignisse auflistet.

Wünschenswert wäre sicherlich auch eine beiliegende CD gewesen, auf der die erwähnten Versionen von „Bella ciao" zu hören sind. Da die meisten Versionen aber heutzutage problemlos auf Videokanälen im Internet zu finden sind, kann darauf verzichtet werden. Am Ende des Buches habe ich die wichtigsten Schallplatten- und CD-Veröffentlichungen von „Bella ciao" aufgelistet. Der QR-Code am Ende dieser Einleitung führt zu Links zu allen in diesem Buch erwähnten Versionen von „Bella ciao“ und zu Interviews mit Zeitzeugen.

Es bleibt den Leserinnen und Lesern überlassen, sich diese Versionen im Internet anzuhören oder auf Tonträger zu besorgen. Wenn ich dazu beitrage, dass dieses Lied während der Lektüre zum Ohrwurm wird, während ich ein Stück italienischer Kulturgeschichte vermittle, kann ich nichts falsch gemacht haben.

Spoleto 1964

Das „Festival dei due mondi" – „Festival der zwei Welten" ist ein Musikfest für klassische Musik, das seit 1958 im kleinen Städtchen Spoleto in Umbrien, Mittelitalien stattfindet. Gegründet vom italienischen Komponisten Gian Carlo Menotti sollte es die europäische und (US-) amerikanische Kultur miteinander verbinden. Es wurde zum Treffpunkt der Freunde der klassischen Musik, der Oper und des Balletts, was bedeutete, dass die Zuschauer eher dem gehobenen Bürgertum angehörten.

Für das Jahr 1964 war etwas Neues geplant. Unter dem Titel „Bella ciao – ein Programm mit italienischen Volksliedern" sollte vom 20. – 29. Juni 1964 im Teatro Caio Melisso eine Musikrichtung ins Festival eingeführt werden, die damals eher nicht zur Hochkultur gezählt wurde. Die Gruppe „Il Nuovo Canzioniere Italiano" hatte 1962 eine gleichnamige Zeitschrift gegründet und bestand aus Musikern, Musikwissenschaftlern und Historikern, die nach alten Volks- und Protestliedern forschten. Aus diesem Zusammenhang entstand eine musikalische Zusammenarbeit, die 1964 in den Auftritt in Spoleto mündete. Das Programm stammte vom Musikethnologen Roberto Leydi, die Bühnenregie von Filippo Crivelli.

Auf der Bühne präsentierten sich Sängerinnen wie Sandra Mantovani, Giovanna Daffini und Giovanna Marini und Sänger wie Michele Straniero, Ivan della Mea und das Vokalensemble Gruppo Padano di Piadena, der Gesang wurde nur von einer Gitarre begleitet. Der Bogen ging vom Volkslied bis hin zu klassischen sozialistischen und anarchistischen Protestsongs, darunter „La Lega", ein politisches Lied der Landarbeiterinnen aus der Poebene, und der anarchistische Klassiker „Addio Lugano bella".

Folgende Musiker und Musikerinnen waren am Auftritt beteiligt: Sandra Mantovani, Giovanna Daffini, Giovanna Marini, Maria Teresa Bulciolu, Caterina Bueno, Silvia Malagugini, Cati Mattea, Michele L. Straniero und das Vokalensemble Gruppo Padano di Piadena. Die Gitarrenbegleitung übernahm Gaspare De Lama.

Der Auftritt begann mit zwei unterschiedlichen Versionen des Liedes „Bella ciao". Zunächst sang Giovanna Daffini eine Version, die von den Reisarbeiterinnen in der Poebene gesungen worden sein sollte, die dann überging in die Partisanenversion, indem alle anderen Sängerinnen und Sänger im Hintergrund einsetzten und Daffinis erste Version übertönten. Die Reaktionen aus dem Publikum waren gemischt. Es gab Applaus, aber ein Teil des Publikums schien verstört und verärgert zu sein, einfache Volkslieder mit einer schlichten musikalischen Begleitung zu hören.

Eine mit Schmuck behängte Dame rief: „Ich habe nicht 1000 Lire Eintritt bezahlt, um auf der Bühne mein Dienstmädchen singen zu hören“[1]. In Wirklichkeit war der Eintritt teurer, im Parkett kostete die Karte 16.000 Lire. Beim Lied „E per la strada gridavan i scioperanti“ („Auf der Straße riefen die Streikenden“), ein Lied aus dem Jahr 1908, in dem es um die schlechten Arbeitsbedingungen der Landarbeiter geht, die sich unter anderem darüber beklagen, dass sie im Stall schlafen müssen, rief eine von Giuseppe Morandi, dem Chronisten der Konzerte, als „Gräfin“ bezeichnete Dame: „Ich besitze 350 Bauern und keiner muss im Stall schlafen“. Sie wurde daraufhin von anderen aus dem Publikum heftig beschimpft.

Der Höhepunkt der Spannungen zeigte sich bei der Aufführung des Anti-Kriegslieds „O Gorizia tu sei maledetta“ („O Gorizia, verflucht seist du“). Eigentlich sollte es Sandra Mantovani singen, sie hatte aber Probleme mit ihrer Stimme und so übernahm spontan Michele Straniero. In dem Stück geht es um eine Schlacht im Ersten Weltkrieg bei Gorizia (deutsch: Görz) im Friaul, an der Grenze zu Slowenien, in der viele italienische und österreichische Soldaten ums Leben kamen. Das Lied klagt die italienischen Offiziere an, einfache Soldaten in den Tod geschickt zu haben. Michele Straniero sang spontan eine weitere Strophe, die eigentlich im Programm nicht vorgesehen war:

Traditori signori ufficiali che la guerra l'avete voluta scannatori di carne venduta e rovina della gioventù“	Verräter, ihr Herren Offiziere die ihr den Krieg gewollt habt Schlächter von verkauftem Fleisch und Verderben der Jugend.

Jemand rief „Es leben die Offiziere!“, darauf folgten entrüstete Rufe wie „Faschisten raus!“ Am Ende des Konzerts stand das Publikum auf und applaudierte eine Viertelstunde lang.

Doch damit war die Sache noch nicht zu Ende. Während die Musiker sich noch feiern ließen, kam Roberto Leydi auf die Bühne und sagte zu seinen Mitorganisatoren: „Es gibt Ärger“. Und tatsächlich: Nach der Vorstellung kamen Carabinieri auf die Bühne und fragten nach dem Verantwortlichen. Es wurde mitgeteilt, dass Anzeige wegen „Verunglimpfung der Streitkräfte“ erstattet worden sei. Es wurde bemängelt, dass abweichend vom Drehbuch, das vorher bei der

Festivalleitung eingereicht werden musste, eine zusätzliche Strophe gesungen worden war. Nach der Aufnahme der Personalien zogen die Carabinieri ab, aber der Festivalleiter Menotti war aufgebracht und fühlte sich verraten, er hatte wohl mit „harmlosen" Volksliedern gerechnet. Zeitgleich zu „Bella ciao" lief übrigens „Der Rosenkavalier" von Richard Strauss.

Die nächsten Auftritte standen auf der Kippe. Durch Verhandlungen zwischen Festivalleitung, Bürgermeister, Polizeivertretern und Musikern wurde vereinbart, die Konzerte weiterzuführen. Festivalleiter Menotti hatte versucht, „O Gorizia" aus dem Programm zu werfen und andere Lieder zu entschärfen, doch die Musiker weigerten sich standhaft und drohten mit dem Abbruch der Konzertreihe, sollte die Festivalleitung auf der Zensur bestehen.

Der eigentliche Konflikt bestand aber darin, dass hier in Spoleto im „Teatro Caio Melisso" inmitten der bürgerlichen Kultur eine andere Tradition sichtbar wurde: Volkslieder aus dem bäuerlichen Milieu, die nicht die offizielle Weihe der christdemokratischen Partei und der Kirche hatten, noch dazu gesungen von Sängerinnen und Sängern, die nicht zur bürgerlichen Hochkultur gehörten, sondern Vertreter einer „niederen Klasse" waren, wie die Landarbeiterin Giovanna Daffini. Für das übliche damalige Theaterpublikum waren das eben die „Dienstmädchen". Also tatsächlich ein Festival der „zwei Welten".

Filippo Crivelli, der für die Bühnenregie zuständig war, schrieb dazu:

> „Bella ciao soll alles andere sein als als eine Aufführung von Folklore: auch wenn die hier präsentierten Lieder aus der genuinen melodischen Tradition der italienischen Volkskultur stammen. […] Auf dieser Bühne agieren … fünf Frauen und vier Männer: Menschen wie wir, die die echten Lieder singen, von den Feldern, den Straßen, die in den Wirtshäusern, auf den Dreschplätzen, in den Schützengräben gesungen werden. […] Eine Aufführung, die vor allem ein lebendiger Beweis dafür sein soll, dass ein anderes Italien existiert, das singt: ein anderes Italien, das zu singen vermag und zu singen versteht."[2]

Bei den Auftritten an den darauffolgenden Tagen gab es wiederholte Versuche, die Aufführung zu stören. Organisierte Gruppen von Faschisten waren aus Rom angereist und hatten sogar versucht die Bühne zu stürmen. Die Ordner und teilweise auch die Sänger und

Sängerinnen hatten sie aktiv davon abgehalten. Die junge Sängerin Giovanna Marini aus Rom hatte schon ihre Gitarre erhoben, um sie auf dem Schädel eines Faschisten zu zerschlagen, als dieser gerade noch durch einen Carabiniere von der Bühne geholt werden konnte. Das Presseecho war enorm. Auch hier waren die Stimmen geteilt: Die rechte Presse schrieb von einem Skandal, die meisten Zeitungen lobten den Auftritt.[3] Aus ganz Italien trafen Solidaritätstelegramme ein, von Musikern, Schriftstellern, Intellektuellen.

Jedenfalls war dies eine glänzende Werbung für das Programm. Im Januar 1965 veröffentlichte die Plattenfirma „I dischi del sole“ eine Schallplatte mit den Liedern der Aufführung, die sich sehr gut verkaufte. Außerdem wurde vom 3. – 23. Mai 1965 das gleiche Programm im Odeon-Theater in Mailand aufgeführt. Alle Aufführungen waren ausverkauft. Danach folgte eine Tournee durch ganz Italien. Das Stück „Bella ciao“ war spätestens jetzt in aller Munde.[4]

Inzwischen gibt es auch restaurierte Filmaufnahmen in Super-8 von Konzerten aus dem Jahr 1965 in Mailand und Genua, die mit den Audio-Aufnahmen nachsynchronisiert wurden.[5]

Il Nuovo Canzoniere Italiano

1962 gründeten der Historiker und Verleger Gianni Bosio, Direktor des sozialistischen Verlags „Edizioni Avanti“, und der Musikethnologe Roberto Leydi eine Zeitschrift, die sich der Erforschung der Volksmusik, genauer gesagt, des „canto sociale“, dem „gesellschaftlichen Lied“ widmen wollte. Dabei ging es nicht um eine unkritische Abbildung von Traditionen, sondern auch um das Aufzeigen von Brüchen und um die Reflexion von Liedern im Kontext der Gesellschaftskritik. Der Titel der Zeitschrift lautete: „Il nuovo Canzoniere Italiano (Das neue italienische Liederbuch). Damit bezogen sie sich auf den „Canzoniere Italiano“, eine von Pier Paolo Pasolini 1955 herausgegebene Sammlung italienischer Volkslieder, die mit dem Untertitel „Anthologie der Volksdichtung“, nach Regionen aufgeschlüsselt, auf ca. 400 Seiten die mündliche Überlieferung festhielt. Roberto Leydi hatte bereits 1960 im Verlag „Edizioni Avanti“ eine Sammlung italienischer Partisanenlieder herausgegeben: „Canti della Resistenza italiana“[6].

Der Gruppe „Il Nuovo Canzoniere Italiano“ schlossen sich nach und nach weitere Musiker und Historiker an. Aus Turin kamen Fausto Amodei, Michele L. Straniero und Sergio Liberovici, die Ende der Fünfzigerjahre die Musikgruppe „Cantacronache“ („Reportagensänger“) gegründet hatten – in Anlehnung und Abgrenzung zum traditionellen „Cantastorie“, dem klassischen italienischen Geschichten- oder Moritatensänger. Sie waren u.a. beeinflusst vom Theater und den Liedern Bertolt Brechts und den französischen Chansonniers und von Lyrikern wie Jacques Prévert. Sergio Liberovici, eines der Gründungsmitglieder, hatte 1958 bei einem Besuch in Berlin eine Aufführung von Bertolt Brechts „Dreigroschenoper“ am Theater am Schiffbauerdamm gesehen, die ihn tief beeindruckte. Für die Turiner Gruppe „Cantacronache“ figurierten als Texter so bekannte Persönlichkeiten wie der Schriftsteller Italo Calvino, der Lyriker und Publizist Franco Fortini und der Kinderbuchautor Gianni Rodari.

Dazu kamen die Sängerin Sandra Mantovani, Ehefrau von Roberto Leydi, und der Historiker Cesare Bermani. 1964 wurde der Verlag „Edizioni Avanti“ unabhängig von der Sozialistischen Partei, benannte sich um in „Edizioni del Gallo“ und begann unter dem Label „I dischi del sole“ („Schallplatten der Sonne“) auch Schallplatten herauszubringen. Die ersten Publikationen waren EPs, z.B. „Canti della resistenza italiana“ (Lieder des italienischen Widerstands) „Canti del lavoro“ (Lieder der Arbeit) oder „Canti anarchici“ (Anarchistische Lieder). Als erste LP veröffentlichte „I dischi del sole" „Le canzoni di Bella ciao" mit eben den Liedern, die in Spoleto aufgeführt worden waren.

Eines der Ziele der Gruppe war es, über die Dörfer zu fahren, sich von lokalen Amateurmusikern traditionelle Volkslieder vorsingen zu lassen und sie dabei auf Tonband aufzunehmen. Dadurch sollten vergessene oder wenig bekannte Lieder für die Nachwelt erhalten werden. Auch Interviews über die Entstehungsgeschichte mancher Lieder gehörten zur Arbeitsweise. Ein anderer Schwerpunkt der Gruppe war – neben der Redaktion und Publikation der Zeitschrift – die Aufführung traditioneller Lieder auf Theaterbühnen oder in kleineren Konzertsälen. Einen ersten Erfolg feierten sie mit dem Programm „Pietà l'è morta. La Resistenza nelle canzoni 1919–1964" („Der Widerstand in den Liedern 1919–1964"), das im April 1964 zuerst in mehreren norditalienischen Städten aufgeführt wurde und im Piccolo Teatro von Mailand seinen Abschluss fand. „Pietà l'è morta" („Kein Erbarmen mehr") ist ein Partisanenlied, das von Nuto Revelli auf die Melodie eines Soldatenliedes aus dem Ersten Weltkrieg geschrieben wurde. Gleich danach folgte Spoleto.[7]

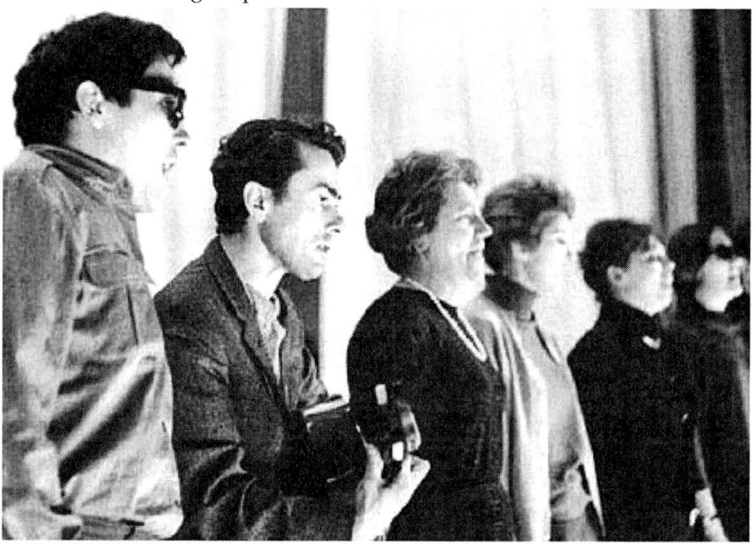

Aufführung von „Bella ciao" im Mai 1965 in Teatro Odeon in Mailand. Von links: Ivan Della Mea, Gaspare De Lama, Giovanna Daffini, Sandra Mantovani, Caterina Bueno und Hana Roth.

Zwei Versionen

Beim Festival in Spoleto wurden zwei Versionen von „Bella ciao" gesungen. Vor der bereits bekannten Partisanenversion sang Giovanna Daffini eine Version, die sie selbst – wie sie erzählte – Anfang der Dreißigerjahre als Arbeiterin auf den Reisfeldern in der Poebene von ihren Arbeitskolleginnen gehört hatte. Im August 1962 waren Gianni Bosio und Roberto Leydi zu ihr nach Gualtieri gefahren, einem kleinen Dorf am Ufer des Po in der Provinz Reggio Emilia, und hatten ihre Version auf Tonband aufgenommen. Giovanna Daffini hatte als junges Mädchen selbst als „mondina", als „Unkrautjäterin" auf den Reisfeldern in der Po-Ebene gearbeitet. Das Lied hatte sie, wie sie sagte, in San Germano in der Provinz Vercelli im Piemont gehört, zusammen mit anderen Liedern „auf den Reisfeldern, vor ca. dreißig Jahren. Sie wurden von Mädchen aus verschiedenen Gegenden der Emilia gesungen, die ins Vercellese zur Reisernte gingen".[8]

Der Text, wie er von Giovanna Daffini gesungen wurde, lautet:

Alla mattina appena alzata
O bella ciao, bella ciao, bella ciao
Alla mattina appena alzata
in risaia mi tocca andar.

Am frühen Morgen, kaum aufgestanden
O bella ciao, bella ciao, bella ciao
Am frühen Morgen, kaum aufgestanden
Muss ich ins Reisfeld gehen.

E fra gli insetti e le zanzare
O bella ciao, bella ciao, bella ciao
E fra gli insetti e le zanzare
duro lavoro mi tocca far.

Und bei den Insekten und bei den Mücken
O bella ciao, bella ciao, bella ciao
Und bei den Insekten und bei den Mücken
muss ich harte Arbeit tun.

Il capo in piedi col suo bastone
O bella ciao, bella ciao, bella ciao
Il capo in piedi col suo bastone
e noi curve a lavorar.

Der Aufseher steht da mit seinem Stock
O bella ciao, bella ciao, bella ciao
Der Aufseher steht da mit seinem Stock
Und wir sind gebückt am Arbeiten.

O mamma mia, o che tormento!
O bella ciao…
O mamma mia, o che tormento
io ti invoco ogni doman.

O mamma mia, o welche Plage
O bella ciao, bella ciao, bella ciao, ciao ciao
O mamma mia, o welche Plage
Ich flehe dich jeden Morgen an.

Ma verrà un giorno che tutte quante
O bella ciao, bella ciao, bella ciao
Ma verrà un giorno che tutte quante
lavoreremo in libertà.

Doch der Tag wird kommen, an dem wir alle
O bella ciao, bella ciao, bella ciao
Doch der Tag wird kommen, an dem wir alle
In Freiheit arbeiten werden.

Nachdem im Mai 1965 das Programm „Bella ciao – ein Programm mit italienischen Volksliedern“ in Mailand die ersten Aufführungen hatte, ging bei der Mailänder Redaktion der kommunistischen Tageszeitung „L'Unità“ der Brief eines gewissen Vasco Scansani aus Gualtieri ein, demselben Dorf, in dem auch Giovanna Daffini wohnte. Scansani, der selbst als Partisan gekämpft hatte, widerspricht hier Daffinis Behauptung, sie habe das Lied Anfang der Dreißigerjahre auf den Reisfeldern gehört, und behauptet, den Text selbst geschrieben und im Juli 1951 beim Fest der Reisarbeiterinnen in San Germano Vercellese zum ersten Mal gesungen zu haben. Er habe es vorher zusammen mit Giovanna Daffini geprobt, dann aber allein aufgeführt. Mit dem Brief konfrontiert, bittet Gianni Bosio die Redaktion, den Brief zunächst nicht zu veröffentlichen, und trifft sich am 11. Mai 1965 mit Scansani.

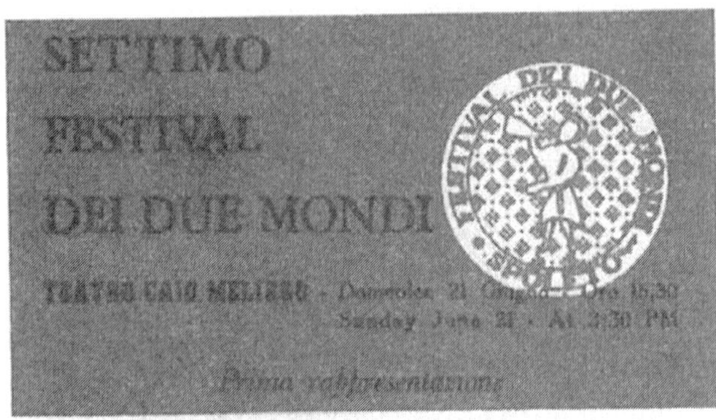

IL NUOVO CANZONIERE ITALIANO

presenta

Bella ciao

Un programma di canzoni popolari italiane

di ROBERTO LEYDI e FILIPPO CRIVELLI

Interpreti

SANDRA MANTOVANI	CATERINA BUENO
GIOVANNA DAFFINI	MICHELE L. STRANIERO
GIOVANNA MARINI	SILVIA MALAGUGINI
MARIA TERESA BULCIOLU	CATY MATTEA

e

IL GRUPPO PADANO di PIADENA - GASPARE DE LAMA (chitarra)

Regia di FILIPPO CRIVELLI

REPLICHE

Plakat zur Aufführung von „Bella ciao" beim Siebten „Festival dei due mondi" 1964 in Spoleto

Dieser erzählte ihm, er habe die Partisanenversion von „Bella ciao" in den letzten Tagen vor der Befreiung im April 1945 in der Provinz Reggio Emilia gehört und 1951 auf diese Melodie den Text über die Reisarbeiterinnen geschrieben. Daffini selbst habe ihn 1963 um diesen Text gebeten. Da sie bisher vorwiegend auf Dorffesten sang, hatte Scansani keine Bedenken. Von „Il Nuovo Canzoniere Italiano" hatte Giovanna Daffini ihm nichts erzählt.

Bei einem direkten Gespräch mit Scansani und Daffini gab Letztere zu, sich nicht mehr genau erinnern zu können, und es sei gut möglich, dass Scansani Recht habe. Außerdem warf Scansani der Daffini vor, den Refrain nicht richtig gesungen zu haben: „Du hast im Refrain einen Takt ausgelassen, du musst dreimal ‚Ciao' singen".[9]

Zweifel an Daffinis Aussage sind zumindest angebracht: Im Februar 1964 hatte auch der Historiker Cesare Bermani eine Version dieses Liedes bei ihr aufgenommen. Ihm gegenüber hatte sie wiederum erklärt, sie habe das Lied 1940 in Pagliate in der Provinz Novara gehört.

Giovanna Daffini hatte im Rahmen von „Il Nuovo Canzoniere Italiano" verschiedene traditionelle Volkslieder beigesteuert, dabei aber verschwiegen, dass das „Bella ciao der Reisarbeiterinnen" erst nach dem Krieg von Vasco Scansani geschrieben worden war. Wollte sie damit gegenüber den Mitgliedern von „Il Nuovo Canzoniere Italiano" den „authentischen" Charakter dieses Liedes sicherstellen? Sie hatte begriffen, dass diese Gruppe an bestimmten Liedern ein großes Interesse hatte und wollte wohl ihren Teil dazu beitragen. Und bei Historikern wie Bosio und Bermani traf eine Vorgängerversion von „Bella ciao" auf offene Ohren, da sie glaubten, die Ursprünge des Partisanenliedes auf den Reisfeldern Norditaliens aufgedeckt zu haben. Giovanna Daffini galt hier als authentische Zeitzeugin.

Übrigens hat Giovanna Daffini seit dem Treffen mit Scansani das Lied immer genauso gesungen, wie Scansani es geschrieben hatte, nämlich mit „dreimal ‚Ciao'".

Allerdings behaupteten mehrere von Cesare Bermani interviewte „mondine", die Melodie von „Bella ciao" bereits vor dem Krieg, nämlich in den Zwanzigerjahren, auf den Reisfeldern gehört zu haben. „Sie erinnerten sich, ein Lied aus dem Ersten Weltkrieg auf diese Melodie gehört zu haben, das ungefähr 1923 beim Unkrautjäten gesungen wurde."[10] Sie konnten sich aber weder an den Text erinnern noch es vorsingen. Eine weitere Reisarbeiterin, Adriana Lazzarini, war sich sicher, ein Lied mit dieser Melodie im Jahr 1940 in der Nähe von Novara gehört zu haben.[11] Was hatten also die „mondine" bei der Arbeit gesungen, wenn „ihr Lied" erst 1951 geschrieben worden war? Und welchen Ursprung hatte das Partisanenlied?

Der Musikwissenschaftler Enrico Strabino schreibt dazu, es handele sich hier um „ein Lied wie ein Wollknäuel, in den viele Fäden mit verschiedenen Farben verwickelt sind [...] und es ist schwierig, ihm auf den Grund zu kommen"[12].

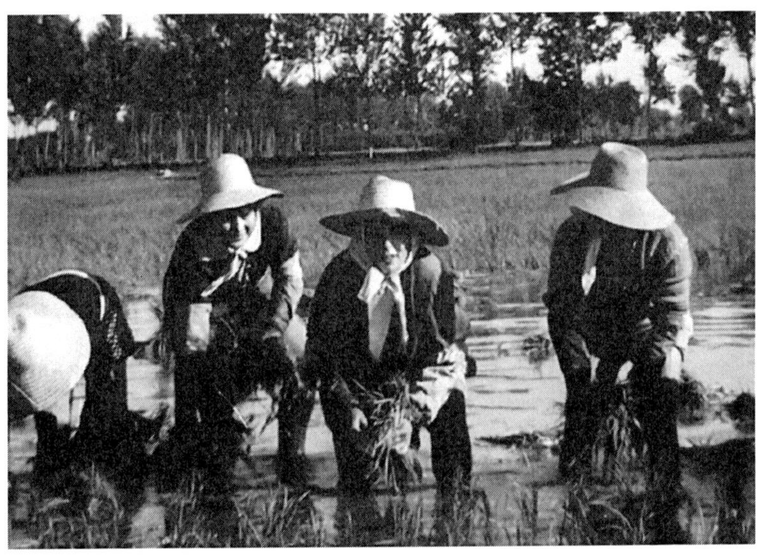

Reisarbeiterinnen in der Po-Ebene

Giovanna Daffini

Giovanna Daffini wurde am 22. April 1914 in Villa Saviola bei Mantua geboren. Schon als 13jährige begann sie als Saisonarbeiterin auf den Reisfeldern im Piemont und der westlichen Lombardei, in der Gegend um Novara und Vercelli, zu arbeiten, und sie tat dies mit Unterbrechungen bis in die Fünfzigerjahre hinein. Dort lernte sie die wichtigsten Lieder der norditalienischen Landarbeiter und Landarbeiterinnen kennen. Ihr Vater war Violinist und hatte Stummfilmaufführungen musikalisch begleitet, war aber mit dem Aufkommen des Tonfilms arbeitslos geworden. Er spielte fortan bei Hochzeiten und Dorffesten. Mit 17 Jahren begleitete Giovanna ihren Vater mit Gitarre und Gesang. So begann ihre Karriere als ambulante Sängerin bei Hochzeiten, Dorffesten und auf Bauernmärkten, später sang sie auch bei Feierlichkeiten zum 1. Mai oder zum Jahrestag der Befreiung am 25. April oder bei Festen der Sozialistischen und Kommunistischen Partei. Nach ihrer Hochzeit mit Vittorio Carpi aus Gualtieri, der in einem Orchester Violine spielte, trat sie mit ihm zusammen auf. Das Ehepaar lebte in relativer Armut, da es nicht einfach war, mit Musik Geld zu verdienen, und auch die Auftritte Vittorio Carpis in Orchestern eher begrenzt waren. Oft spielten sie in Kneipen und ließen hinterher einen Teller herumgehen. Ihr Repertoire umfasste Volks- und Arbeiterlieder, aber auch Schlager und Stücke aus Operetten, weil diese vom Publikum verlangt wurden.

In Gualtieri wurde Giovanna Daffini im Jahr 1962 von Gianni Bosio und Roberto Leydi entdeckt, die sie in den Kreis des "Nuovo Canzoniere Italiano" aufnahmen. Sie trat nun bei vielen Konzerten auf, die der „Nuovo Canzoniere Italiano" organisierte, bei einigen spielte auch ihr Ehemann Vittorio Carpi Violine. Von Daffinis Auftritten wurden Schallplatten veröffentlicht und auch Studioaufnahmen von ihr wurden auf Platte gepresst. Mit ihrer rauen Stimme und ihrer Art des Vortrags wurde sie eine der bekanntesten Interpretinnen des „canto sociale" und galt als authentische Vertreterin der Volksmusik und der Arbeiterlieder. Ihr Repertoire umfasste aber auch Balladen, Liebeslieder und traditionelle Volkslieder. An Pfingsten 1967 gab sie auf der Burg Waldeck im Hunsrück ihr einziges Konzert in Deutschland. Giovanna Daffini starb am 7. Juli 1969 nach einer langen Krankheit in Gualtieri.

Am 30. und 31. Mai 1992 fand in Gualtieri ihr zu Ehren ein Kongress statt, organisiert u.a. von Cesare Bermani. Die Beiträge wurden in einer Broschüre veröffentlicht: „Giovanna Daffini: L'amata genitrice".[13] Den Titel „Amata genitrice" (Geliebte Mutter) trägt auch eine CD mit den von ihr aufgenommenen Liedern, der im selben Jahr bei „I dischi del mulo" als LP erschien und später als CD neuaufgelegt wurde.

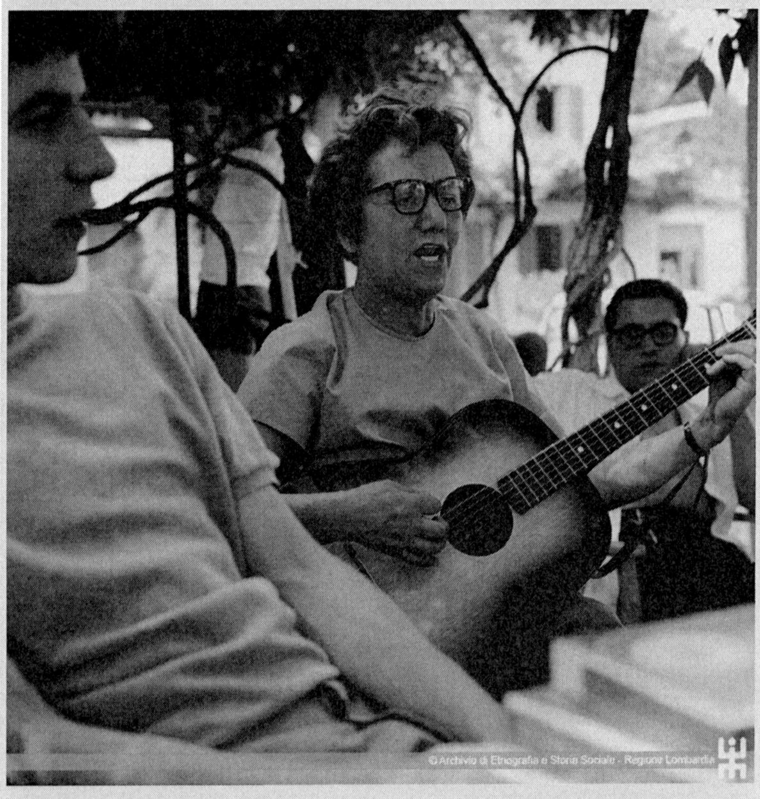

Giovanna Daffini am 12.6.1966 in Biandronno (Varese) bei einem Treffen des Nuovo Canzoniere Italiano

„Bella ciao“ – ein Partisanenlied?

Es wurde immer wieder von verschiedener Seite behauptet, „Bella ciao“ sei kein echtes Partisanenlied und und es sei von keinem Partisanen jemals gesungen worden. Auch der Journalist und Publizist Giorgio Bocca, der selbst Partisan gewesen war, hat diese Meinung vertreten.[14] Er sagte, in seiner Partisaneneinheit sei es nie gesungen worden und er habe es während der Resistenza auch nie gehört, was natürlich gut möglich ist, denn die verschiedenen Partisanenlieder wurden in unterschiedlichen Regionen und auch in unterschiedlichen Einheiten bekannt. Noch 2018 verbreitete Dino Messina diese Meinung in einem Artikel namens „Die wahre Geschichte von Bella ciao, das in der Resistenza nie gesungen wurde“ in der Tageszeitung „Corriere della Sera“.[15]

Es gab sicher Lieder, die unter den Partisanen bekannter und weiter verbreitet waren als „Bella ciao“. Dazu gehört zum Beispiel „Fischia il vento“, das zu einer Art Hymne der kommunistischen Garibaldi-Brigaden geworden war. Auf die Melodie des russischen Volkslieds „Katjuscha“ wurde folgender Text gesungen:

Fischia il vento, infuria la bufera,
scarpe rotte eppur bisogna andar,
a conquistare la rossa primavera
dove sorge il sol dell'avvenir.

Es heult der Wind, es tobt der Sturm,
kaputte Schuhe und doch müssen wir weiter,
den roten Frühling zu erobern,
wo die Sonne der Zukunft aufgeht.

Ogni contrada è patria del ribelle,
ogni donna a lui dona un sospir,
nella notte lo guidano le stelle
forte il cuore e il braccio nel colpir.

Jedes Dorf ist die Heimat des Rebellen
Jede Frau schenkt ihm einen Seufzer
In der Nacht da leiten ihn die Sterne
Stark sein Herz und sein Arm, wenn er zuschlägt.

Se ci coglie la crudele morte,
dura vendetta verrà dal partigian;
ormai sicura è già la dura sorte
del fascista vile traditor.

Wenn uns dann der grausame Tod ereilt
Folgt die harte Rache des Partisanen
Gewiss aber ist das harte Schicksal
Des feigen faschistischen Verräters.

Cessa il vento, calma è la bufera,
torna a casa il fiero partigian,
sventolando la rossa sua bandiera;
vittoriosi e alfin liberi siam.

Der Wind lässt nach, der Sturm ist ruhig
Es kehrt nach Haus der stolze Partisan
Er schwenkt seine rote Fahne
Wir sind siegreich und endlich frei.

Autoren dieses Liedes waren zwei Partisanen aus einer Partisanengruppe aus Ligurien, die in den Bergen oberhalb von Imperia aktiv war. Giacomo Sibilla war 1942 als Soldat der italienischen Armee in der Sowjetunion gewesen, wo er am Don von sowjetischen Kriegsgefangenen das Lied „Katjuscha" hörte. Zurück in Italien schloss er sich nach dem 8. September 1943 einer Partisaneneinheit der Garibaldiner an, deren Kommandant Felice Cascione war, genannt „U megu", der Arzt. Anfang Dezember 1943 schlug Sibilla vor, die Melodie von „Katjuscha" für ein italienisches Partisanenlied der Garibaldi-Einheiten zu benutzen. Der Text entstand unter Mitwirkung mehrerer Partisanen, aber unter dem wesentlichen Einfluss von Felice Cascione, der seitdem als Autor des italienischen Textes gilt. Cascione hatte die von den Partisanen erstellte Version auch seiner Mutter Maria Baiardo geschickt, einer Grundschullehrerin, die letzte Korrekturen vornahm und den Text stilistisch verbesserte. Zum Beispiel hieß es im Text zunächst „Soffia il vento" (Es bläst der Wind). Casciones Mutter fand „Fischia il vento" (Es heult der Wind) eindrucksvoller und änderte ihn kurzerhand. Felice Cascione selbst starb kurz darauf, im Januar 1944, bei einem Gefecht mit italienischen Faschisten, doch den Text hatte er vorher an die klandestine Provinzleitung der Kommunistischen Partei geschickt, die das Lied danach verbreitete.[16]

„Fischia il vento" war zwar nie das offizielle Lied der Garibaldiner, aber es war zumindest so etwas wie die inoffizielle Hymne, sowohl während des Partisanenkrieges als auch in der Nachkriegszeit. Es stand für die kommunistischen Partisanen und auch für den Willen, die Gesellschaft zu verändern, den viele Partisanen teilten. Es prägte auch in der Nachkriegszeit das Bild von den Partisanen, wurde bei

Demonstrationen von jungen Leuten gesungen. Der Schriftsteller Beppe Fenoglio, der selbst Partisan gewesen war, allerdings nicht bei den „roten" Garibaldi-Brigaden, sondern bei den „Blauen", Anhängern von Marschall Badoglio, setzt diesem Lied in seinem leider nicht auf Deutsch übersetzten Roman „Il partigiano Johnny" ein literarisches Denkmal. Beim Markttag in Santo Stefano Belbo, einer Kleinstadt im Piemont, treffen „rote" und „blaue" Partisanen aufeinander. Da beginnen die Roten „Fischia il vento" zu singen:

> „Sie haben ein Lied, und das reicht. Wir haben viele und keines. Ihr Lied ist fürchterlich. Es ist eine richtige Waffe gegen die Faschisten, die wir, das müssen wir zugeben, nicht in unserem Waffenarsenal haben. Es macht die Faschisten verrückt, so heißt es, sie können es nicht hören."[17]

Auch in der Nachkriegszeit und bei der jüngeren Generation, die den Partisanenkrieg nicht mehr erlebt hat, spielte „Fischia il vento" weiterhin eine große Rolle.

1960 schrieb der damals 25jährige Turiner Liedermacher Fausto Amodei seinen Protestsong „Per i morti di Reggio Emilia" („Für die Toten von Reggio Emilia"). Darin bezog er sich auf den Tod von fünf jungen Menschen, die am 7. Juli 1960 in Reggio Emilia bei einer Demonstration gegen einen in Genua stattfindenden Parteitag der neofaschistischen Partei „MSI" („Movimento Sociale Italiano", italienische Sozialbewegung) von der Polizei erschossen wurden. Dabei ging es aber auch gegen die christdemokratische Regierung von Ministerpräsident Fernando Tambroni, die sich nur mit den Stimmen der Neofaschisten an der Macht halten konnte. Im Text dieses Liedes spielt Amodei bewusst auf die Partisanenhymne an:

Di nuovo, come un tempo, sopra l'Italia intera
Fischia il vento e urla la bufera.
Uguale è la canzone che abbiamo da cantare:
Scarpe rotte eppur bisogna andare

Über ganz Italien, wieder wie dereinst,
Heult der Wind und tobt der Sturm.
Das Lied, das wir singen müssen, ist dasselbe:
Kaputte Schuhe und doch müssen wir weiter

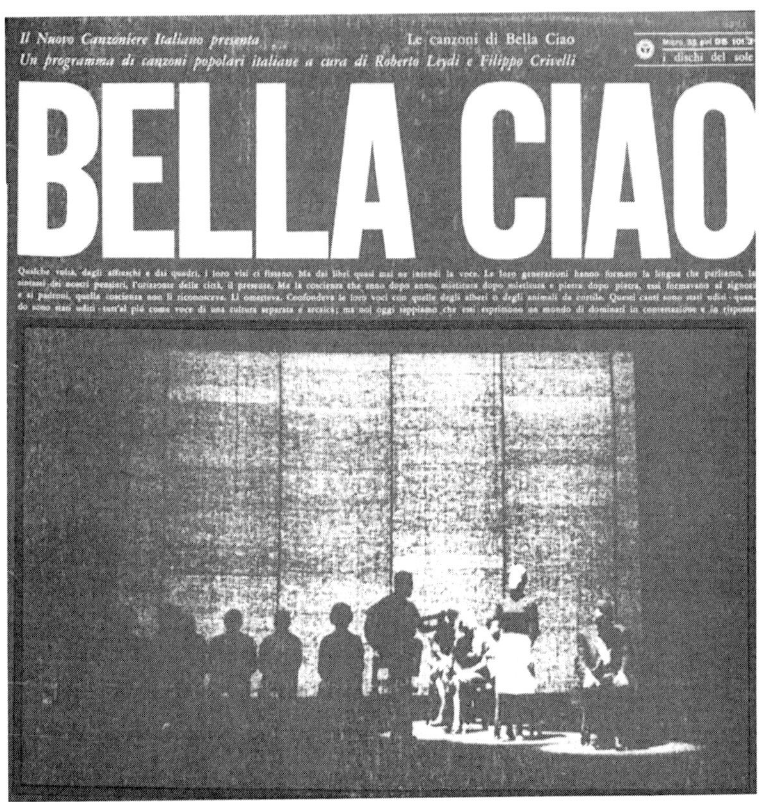

Plattencover von „Il Nuovo Canzoniere Italiano: Le canzoni di Bella ciao".

Zeitzeugen erinnern sich

Die Frage, ob nun „Bella ciao" tatsächlich ein Partisanenlied war oder ob es erst nach dem Ende der Resistenza geschrieben und gesungen wurde, war auch Gegenstand der Forschungen des „Nuovo Canzoniere Italiano", vor allem von Gianni Bosio und Cesare Bermani. Sie konnten ab 1965 mehrere Zeitzeugen interviewen, die das Lied tatsächlich bei verschiedenen Partisaneneinheiten gehört hatten.

Ab April/Mai 1944 wurde es häufig gesungen in der Gegend um Montefiorino in der Provinz Modena, wo sich zu der Zeit die „Partisanenrepublik von Montefiorino"[18] gegründet hatte, ein befreites Gebiet, in dem die Wehrmacht und die italienischen Faschisten keine Kontrolle hatten. Dies bezeugten die Partisanen Primo Montermini, Kampfname „Gaetano", Jahrgang 1925, Giordano Canova, Jahrgang 1929 und Mario Ricci („Armando"), Jahrgang 1908. Francesco Pollastri, Jahrgang 1925 und Partisan in den Garibaldi-Brigaden, hatte „Bella ciao" in Modena gehört, wo er von Dezember 1944 bis Januar 1945 in der Militärakademie inhaftiert gewesen war. Pollastris Ehefrau Valentina Cipolli, Jahrgang 1929, hatte das Lied am Tag der Befreiung in ihrer Heimatstadt Carpi, ebenfalls in der Provinz Modena, singen hören.

Im Juli 1964 nahm Cesare Bermani außerdem eine Version von „Bella ciao" auf, die ihm Albertina Medici, Jahrgang 1929, aus der Provinz Mantua vorgesungen hatte. Sie war eine ehemalige „mondina" und hatte es „in der Partisanenzeit" „in den Bergen von Modena" gehört. Interessant ist hier, dass die Version, die sie kannte, denselben verkürzten Refrain aufweist wie bei Giovanna Daffinis Version der „mondine", also mit nur einmal „Ciao".

Gesungen wurde es auch in der Provinz Bologna und von anarchistischen Partisanenverbänden in den Apuanischen Alpen, im Grenzgebiet zwischen Ligurien und der Toskana.[19]

Der Partisan Ivan Proserpi erinnert sich 1996, dass in seiner Einheit, der Brigata Maiella aus den Abruzzen, die zusammen mit der VIII. Britischen Armee an der Adriaküste kämpfte, ein Lied auf die Melodie von „Bella ciao" gesungen wurde, aber mit einem anderen Text als dem heute bekannten:

> „Wir sangen dieses Lied im April/Mai 1944 in der Brigata Maiella. Aber die Worte, die wir benutzten, waren nicht die von heute. [...] Ich erinnere mich aber nur noch an zwei, drei Worte: ‚Ich schaute aus dem Fenster und sah meine erste Liebe' und nicht ‚den Inva-

> sor'. Dann war da ,der mörderische Deutsche', ich muss gegen den mörderischen und verräterischen Deutschen kämpfen. [...] Es war unsere Hymne. Auch heute, wenn wir es singen, ist es unsere Hymne, die der Maiella-Veteranen. Aber wir können uns nicht mehr an den Text erinnern. [...] Es wurde schon damals gesagt, dass es ein Lied der Reisarbeiterinnen war. Wissen Sie, viele Frauen aus den Abruzzen arbeiteten als mondine in Oberitalien, wenn Reisernte war, und dieses Lied hatten sie hergebracht, natürlich mit ganz anderen Worten. Wir haben es ständig gesungen. Das war unsere Hymne. Wir sangen nicht ,Fischia il vento', das haben wir erst später gehört. [...] In den Abruzzen war ich in Casoli, wo die Brigata Maiella gegründet wurde. Und ich wiederhole, das war unser Lied, und als wir in den Norden kamen, kannten die Partisanen aus dem Norden ,Bella ciao' nicht, jedenfalls diejenigen nicht, denen ich begegnet bin, die kannten ,Bella ciao' überhaupt nicht."[20].

Ein anderer Partisan, Vinci Grossi aus Perugia, hörte „Bella ciao" als italienischer Kämpfer in einer alliierten Einheit, die vom Apennin aus in Richtung Bologna vorstieß:

> „'Bella ciao' habe ich im Januar 1945 an der Front von Alfonsine gehört. Es waren vor allem die Alten, die aus Sardinien kamen, das heißt, sie kamen nicht aus der Resistenza. Wir aber waren Partisanen gewesen und hatten uns freiwillig verpflichtet. Ich war Freiwilliger in der Division Cremona, 22. Infanterieregiment, und wir waren am [Fluss] Serio. Wir hatten englische Uniformen und waren auch mit Engländern, Kanadiern zusammen. Und wir standen an der Seite der 28. Garibaldi-Brigade von Boldrini. Diejenigen, die Familie im Norden hatten (in Turin, in Mailand usw.) kamen aus dem Königlichen Heer. Sie waren damals in Sardinien gewesen. Und die, die von den Stellungen zurückkamen, denn nachts war Ablösung, sangen dieses Lied, in dem es aber [...] nicht hieß ,'das ist die Liebe des Partisanen'. Wie in allen Soldatenliedern hieß es „die schöne Liebe der Rosina'. [...] Ich hatte den Eindruck, dass sie es schon immer so sangen, das heißt, dass es das Lied schon vorher gegeben hatte. Ich erinnere mich an: „Das ist die Blume der Rosina / bella ciao bella ciao bella ciao'. Die Melodie war die übliche. Aber damals, das muss ich sagen, waren es die Alten, die es sangen. Alt im militärischen Sinne."[21]

Schließlich hatte ein weiterer Partisan, Francesco Innamorati, das Lied gehört, als er mit seiner Einheit vom östlichen Apennin in Richtung Venetien vorstieß:

> „Es war im März/April 1945, als ich ‚Bella ciao' zum ersten Mal hörte. Von Partisanengruppen aus der Emilia, die die Gotenlinie überschritten hatten und in die Kampfgruppe Cremona eingegliedert wurden, in der auch etliche andere Freiwillige aus Umbrien, der Toskana, den Marken usw. waren. Und auch ich war freiwilliger Infanterist des Zweiten Bataillons, Fünfte Kompanie des 22. Infanterie-Regiments Cremona. Auf der Gotenlinie waren vier italienische Divisionen. […] Dieses Lied, das wir nicht kannten, beeindruckte uns sehr, weil es so einfach, so flüssig und so rhythmisch war. Bis zur Offensive vom 10. April 1945 standen wir in Richtung Alfonsine und Fusignano. Dann stießen wir nach Norden vor und kamen nach Venetien. Und ‚Bella ciao' hörten wir vor der Offensive, also im März oder April von diesen Emilianern, die die Gotenlinie überschritten hatten und in die Cremona eingegliedert wurden. Und dann hörten wir es während der Offensive. Ich kann mich aber nicht erinnern, dass sie beim Singen mit den Händen geklatscht haben. Auch weil du, wenn nicht das Gewehr, dann den Rucksack oder Anderes in der Hand hattest, das deinen Händen keine Bewegungsfreiheit ließ. Das Händeklatschen habe ich von 1947 bis 1950 gehört, als es schon ziemlich verbreitet war, und es waren die Emilianer, die es mit dem Händeklatschen betonten. Der Text, der 1945 gesungen wurde, war ungefähr so wie heute, aber es geht um eine Blume der Rosina, die für die Freiheit starb, anstatt der Blume des Partisanen, der für die Freiheit starb. ‚Und das ist die Blume der Rosina, die für die Freiheit starb'. Mit Vinci Grossi war ich in derselben Division und im selben Regiment, aber er war in der Mörserkompagnie und ich in der Infanteriekompagnie."[22]

Im Archiv der Fondazione Brigata Maiella findet sich der Text des Liedes der Maiella-Brigade:

Questa mattina mi sono alzato
Bella ciao, bella ciao, bella ciao, ciao, ciao
Mi sono affacciato alla finestra
E ho visto il primo amor

Heute morgen bin ich aufgestanden

Bella ciao, bella ciao, bella ciao, ciao, ciao
Ich schaute hinaus aus meinem Fenster
Und sah meine erste Liebe

Io me ne vado lontano lontano
Bella ciao, bella ciao, bella ciao, ciao, ciao
Me ne vado lontano lontano
Tra le palle di cannon

Ich gehe weg, weit weit weg
Bella ciao, bella ciao, bella ciao, ciao, ciao
Ich gehe weg, weit weit weg
Inmitten der Kanonenkugeln

E s'io morissi da patriota
Bella ciao, bella ciao, bella ciao, ciao, ciao
Mi seppelisci al camposanto
Sotto l'ombra d'un bel fiore

Und wenn ich sterbe als Patriot
Bella ciao, bella ciao, bella ciao, ciao, ciao
Dann begräbst du mich auf dem Friedhof
Unter dem Schatten einer schönen Blume

Tutte le genti che passeranno
Bella ciao, bella ciao, bella ciao, ciao, ciao
Tutte le genti che passeranno
Diranno che bel fior

Alle Leute, die vorbeigehen
Bella ciao, bella ciao, bella ciao, ciao, ciao
Alle Leute, die vorbeigehen
Werden sagen was für eine schöne Blume

È questo il fiore della Maiella
Bella ciao, bella ciao, bella ciao, ciao, ciao
È questo il fiore della Maiella
Del patriota che morì.[23]

Das ist die Blume der Maiella
Bella ciao, bella ciao, bella ciao, ciao, ciao
Das ist die Blume der Maiella
Des Patrioten, der gestorben ist.

Die Brigata Maiella wurde in den Abruzzen gegründet. Sie stieß nach der Befreiung dieser Region im Sommer 1944 nach Norden vor und beteiligte sich an der Befreiung der nördlich angrenzenden Marken und auch der nördlich der Apenninen gelegenen Regionen Emilia und Venetien.

In den Marken, die direkt unterhalb des Apennin und also der Gotenlinie, der Kriegsfront der deutschen Wehrmacht, gelegen sind, finden sich auch Zeugnisse über die Existenz von „Bella ciao". Der Historiker Ruggero Giacomini hat sie gesammelt und veröffentlicht.

Im Archiv des Instituts für die Geschichte der Marken in Ancona befindet sich ein Brief aus England vom 24. April 1946. Adressat war Amato Vittorio Tiraboschi, unter dem Kampfnamen „Primo" Kommandant der Garibaldi-Brigade Marken, später der V. Garibaldi-Brigade Ancona. Abgesandt wurde er von einer gewissen Lydia Stocks, einer russischen Staatsbürgerin, die sich zu dieser Zeit in einem Internierungslager in Newport auf der britischen Kanalinsel, der Isle of Wight befand. Sie war nach dem Waffenstillstand vom 8. September 1943 zusammen mit anderen aus einem italienischen Gefangenenlager bei Macerata in den Marken geflohen und hatte sich den Partisanen in der Gegend um den Monte San Vicino angeschlossen. Nach Kriegsende war sie nach England ausgereist, von der britischen Polizei aber als verdächtige Person festgegenommen worden.

In erwähntem Brief bittet sie ihren früheren Partisanenkommandanten Tiraboschi, sich für einen ehemaligen Partisanen einzusetzen, der arbeitslos war und Hilfe brauchte. In diesem Brief teilt sie auch gemeinsame Erinnerungen und beklagt, dass in Italien alte Faschisten wieder in wichtige Positionen gelangen konnten:

> „Wofür haben wir gekämpft? Ich weiß nicht, wie Sie sich fühlen, aber ich bin von allem angewidert, wenn ich sehe, wie unsere Feinde mit Samthandschuhen angefasst werden … Wenn ich an all das denke, habe ich Lust zu weinen, denn ich erinnere mich an alles, was wir empfunden haben, an all diese jungen Leute, die mit dem Lied *Bella ciao* gestorben sind. Und dann kamen Verletzte und Tote, die ich nicht vergessen werde, solange ich lebe, denn ich habe diese jungen Leute mit meinem ganzen Herzen geliebt und werde sie immer lieben."[24]

Das ist also die erste Erwähnung von „Bella ciao" in den Marken. Und es gibt noch weitere Zeitzeugen.

Da ist der katholische Pfarrer Don Otello Marcaccini aus Poggio San Vicino, Provinz Macerata, ebenfalls in der Gegend um den Monte San Vicino im Zentrum der Marken. Er ließ im Juli 1945 eine Broschüre drucken, in der er an die Opfer eines Massakers der Wehrmacht vom 1. Juli 1944 in seinem Dorf erinnert. An jenem Tag hatten Truppen der Wehrmacht das Dorf Poggio San Vicino besetzt. Es kam zu Kämpfen mit Partisaneneinheiten und nach dem Rückzug der Partisanen brannten die Deutschen zahlreiche Häuser nieder und töteten vier Zivilisten.

In der Broschüre schildert Don Otello das Leben der Partisanen mit den Dorfbewohnern in den Wochen vor der Besetzung durch die Wehrmacht. Da heißt es u.a.:

„Nun unterstützen die Einwohner von Poggio S. Vicino, die aus nachvollziehbaren Gründen zunächst misstrauisch waren, die Partisanen, so gut sie können und nehmen aktiv teil an ihrem mal fröhlichen, mal schmerzhaften Schicksal. Die Kinder sind immer mitten unter ihnen, leisten kleine Hilfsdienste, begeistern sich und singen ihre Kampflieder nach:

„se io morissi da Patriota
Bella ciao ciao ciao".[25]

Interessant ist hier, dass es in der zitierten Version des Liedes nicht heißt: „wenn ich sterbe als Partisan", sondern: „wenn ich sterbe als Patriot." Offenbar werden die beiden Begriffe hier als Synonyme benutzt.

Und es gibt noch weitere Zeitzeugen, die „Bella ciao" in den Marken gehört oder selbst gesungen haben.

Paolo Orlandini, Kampfname „Millo", war Kommandant einer kleinen Partisanengruppe in Cingoli, Provinz Macerata, nicht weit vom Monte San Vicino entfernt. Am 28. Februar 1944 stürmte seine Einheit auf der Suche nach Benzin die Kaserne der Finanzpolizei im nahegelegenen Ort Centofinestre. Dabei requirierten sie außerdem Lebensmittel, Kleidung, Waffen und Munition. Zum Abtransport nahmen sie sich zusätzlich zwei Fahrzeuge der Finanzpolizei. In seinen Memoiren schreibt Orlandini über die Rückkehr der Partisanen Folgendes:

> „Es bildete sich eine lange Kolonne von Fahrzeugen, die in Richtung Cingoli durch [die Ortschaft] Filottrano fuhr. Die Partisanen begannen lauthals *Bella ciao* zu singen. Sehr viele Menschen schauten aus den Fenstern. Wir erreichten Cingoli ohne die geringsten Verluste und mit einem großen Ergebnis: nämlich sehr viel Mate-

> rial jeglicher Art erbeutet und unter den Partisanen von Cingoli Begeisterung erzeugt zu haben."[26]

Viele Jahrzehnte später, am 3. Mai 2014 äußert sich Orlandini gegenüber dem Historiker Ruggero Giacomini noch einmal zu diesem Ereignis:

> „Auf der Rückfahrt von Centofinestre fuhren wir mit der Kolonne beschlagnahmter Lastwagen durch Filottrano. Die Partisanen begannen lauthals *Bella ciao* zu singen. Meine Partisanen waren schon dabei, es zu lernen. Ivo Rotelli brachte es ihnen bei. Er hatte es, ich weiß nicht, wo gelernt."[27]

Am 28. Februar wurde „Bella ciao" also schon in den Marken gesungen. Und wie und wann kam es zur Brigata Maiella aus den Abruzzen? Ruggero Giacomini datiert die Ankunft der Maiella-Brigade in den Marken auf den 24. Juni 1944 und um den 10. Juli herum erreichte sie die Gegend um den Monte San Vicino. Am 18. Juli 1944 war die Brigata Maiella an der Befreiung von Poggio San Vicino beteiligt, dem Ort also, in dem der Pfarrer Don Otello Marcaccini bereits vom Lied „Bella ciao" berichtet hatte.[28]

Am Abend nach der Befreiung der Ortschaft feierten die Partisanen der Maiella-Brigade zusammen mit den Dorfbewohnern. Es ist also gut möglich, dass sie dabei „Bella ciao" sangen. Gesichert ist aber das Auftreten dieses Liedes in der in der Nähe gelegenen Ortschaft Arcevia. Dieser Ort wurde am 5. August von der Maiella-Brigade befreit. Der Zeitzeuge Elio Ricciardi, damals noch ein Kind, bestätigt, dass die Partisanen der Maiella beim Einzug und beim Marsch durch den Ort „*Bella ciao* sangen"[29].

Schließlich schreibt auch der Partisan Woner Lisardi, dass im Jahr darauf, am 25. April 1945 im Dorf Sassoferrato, nicht weit von Arcevia entfernt, bei einer spontanen Feier zur Befreiung Norditaliens „Bella ciao" gesungen wurde:

> „Es gab keine offiziellen Redner, aber ich erinnere mich, dass mehr als einer das Wort ergriff, um spontan und ohne große Formalitäten die Freude aller zu äußern. An einem bestimmten Moment, zunächst angestimmt von uns „Jägern", die auf der linken Seite mit Blick auf die Kirche postiert waren, sang der ganze Platz, ver-

eint in einer Geste solidarischer Brüderlichkeit und dankbarer Erinnerung an unsere Abenteuer und an alle Toten, *Bella ciao*".[30]

„Bella ciao" in Norditalien

Diese Aussagen zeigen also eindeutig, dass „Bella ciao" von Partisanen gesungen worden war. Allerdings war das eher in Mittelitalien und in Adria-Nähe. Wie sieht es aber nun in anderen Regionen aus, im Norden und Nordwesten, z.B. im Piemont?

Maria Giulia Cardini war im Juni 1944 im Gefängnis „Le Nuove" von Turin inhaftiert, als sie dort „Bella ciao" hörte.

> „Ich war mit meinen beiden Gefährtinnen beim Hofgang, als ich ein Partisanenlied auf die Melodie von ‚Bella ciao' hörte. Vom Text erinnere ich mich nur noch an ‚bella ciao' und die ‚schöne Blume'. Ich erinnere mich daran, weil ich das Lied kurz vor meiner Verhaftung schon von meiner Schwester Adriana gehört hatte, die als Partisanenkurierin für die ‚Beltrami' fungierte, und ich fürchtete schon, dass sie es war, die sang, also, dass sie auch verhaftet worden war. Aber der ‚Knastfunk' ließ mich wissen, dass es sich vielmehr um eine andere Stafette der ‚Beltrami' handelte, um Dina Clavena."[31]

Auch Giovanna Calderini aus Novara hörte das Lied im Juni 1944 in Fornacione bei Grignasco, als das Sesia-Tal für kurze Zeit von den Partisanen zur befreiten Zone erklärt worden war. Es wurde bei der Reisernte gesungen und der Text unterschied sich vom heute bekannten Partisanentext.

Und der Partisan Mario Preda, Kampfname „Topolino", von der X. Sturmbrigade „Rocco" der Garibaldi-Einheiten, sang das Lied in der Nähe des Orta-Sees. Die anderen Partisanen kannten das Lied nicht. „‚Topolino' behauptet, das Lied unten in der Ebene, in der Nähe von Verano Brianza", nördlich von Mailand, gehört zu haben, wo es häufig gesungen wurde.[31]

Die beiden letzten Zeitzeugen erinnern sich zwar nicht mehr an den Text, bestätigen aber, dass es sich dem Text nach um ein Partisanenlied handelte.

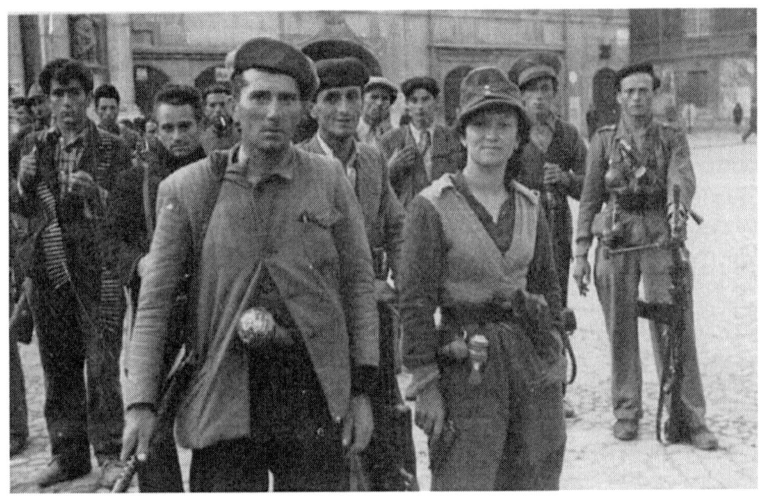

Partisanen nach der Befreiung von Reggio Emilia, 25. April 1945.

In der Gegend von Alessandria im östlichen Piemont wurde es ebenfalls gesungen. Der Partisan Carlo Rameri erinnert sich, dass es dort in der Arzani-Brigade der Division Pinan Cichero gesungen wurde:

> „Es wurde erst zum Schluss, gegen Ende des Krieges, im April 1945, gesungen. Ich weiß, dass es aus Frankreich kam, von den Partisanen aus Frankreich. Wer es dort nach Pertuso brachte, das weiß ich nicht, jemand vom Befreiungskomitee, aber damals hieß es, die französischen Partisanen hätten es geschrieben. Die Worte? Die, die heute gesungen werden".[33]

Auch in der Gegend von Cuneo wurde es gesungen, und zwar schon 1944, wie Giuseppe Ravera bestätigt, der dort Partisan gewesen war: „in der Nähe von Dronero, im Val Maira. Wir Partisanen haben es alle gesungen"[34]. Lorenzo Bottero, Jahrgang 1936, war noch ein Kind und erinnert sich, „Bella ciao" im Val Pesio bei Cuneo gehört zu haben, nach seinen Worten mit dem heutigen Text.[35]

Besonders interessant ist das, was Floriana Diena Putaturo erzählt. Sie war 1944 11 Jahre alt, als sie mit ihren Eltern aus Turin wegen der Bombardierungen nach Asti evakuiert wurde. Dort erlebte sie die „23 Tage" mit, während derer die Stadt von den Partisanen erobert (10. Oktober) und schließlich wieder aufgegeben werden musste (2. November). Sie erinnert sich genau, wie die Partisanen in Asti „Bella ciao" sangen, aber sie erinnert sich an einen anderen Text, der folgendermaßen lautete:[36]

Una mattina mi son svegliata
Oh bella ciao bella ciao bella ciao ciao ciao
Una mattina mi son svegliata
Ed ho trovato l'invasor

Eines morgens bin ich aufgewacht
Oh bella ciao bella ciao bella ciao ciao ciao
Eines morgens bin ich aufgewacht
Und traf auf den Invasor

O mamma o mamma io vado in monti
O bella ciao bella ciao bella ciao ciao ciao
O mamma o mamma io vado in monti
A vendicare il mio amor

O Mama o Mama, ich geh' in die Berge
Oh bella ciao bella ciao bella ciao ciao ciao
O Mama o Mama, ich geh' in die Berge
Um meinen Liebsten zu rächen

Il mio amore me l'hann' ucciso
Oh bella ciao bella ciao bella ciao ciao ciao
Il mio amore me l'hann' ucciso
Perché era un partigian'

Meinen Liebsten haben sie umgebracht
Oh bella ciao bella ciao bella ciao ciao ciao
Meinen Liebsten haben sie umgebracht
Denn er war ein Partisan

Là sui monti c'è un cimitero
O bela ciao bella ciao bella ciao ciao ciao
Là sui monti c'è un cimitero
Cimitero del partigian'

Oben in den Bergen da ist ein Friedhof
Oh bella ciao bella ciao bella ciao ciao ciao
Oben in den Bergen da ist ein Friedhof
Der Friedhof des Partisanen

Il cimitero dei partigiani
O bella ciao bella ciao bella ciao ciao ciao
Partigiani della montagna
Caduti per la libertà

Der Friedhof der Partisanen
Oh bella ciao bella ciao bella ciao ciao ciao
Der Partisanen aus den Bergen
Die für die Freiheit gefallen sind

Nun sind mehrere Dinge klar geworden:

1. „Bella ciao" ist definitiv von Partisanen während der Partisanenzeit gesungen worden, wie die Zeitzeugen bestätigt haben.
2. Es wurde schon vor 1951, ja vor 1945 bei der Arbeit auf den Reisfeldern gesungen, also bevor Vincenzo Scansani seinen Text über die Reisarbeiterinnen schrieb.
3. Es gab wohl verschiedene Textvarianten, und die Blume am Ende des Liedes war mal die Blume des Partisanen, aber auch die eines Mädchens namens Rosina.
4. Es gab Versionen, die von Partisanen nach der Vorlage eines Volksliedes auf die Partisanensituation angepasst wurden.

Lag Giovanna Daffini also doch nicht ganz falsch? Was wurde nun in den 1920er Jahren auf den Reisfeldern gesungen? Und welche Ursprünge hat Bella ciao? Versuchen wir, den Wollknäuel weiter zu entwirren.

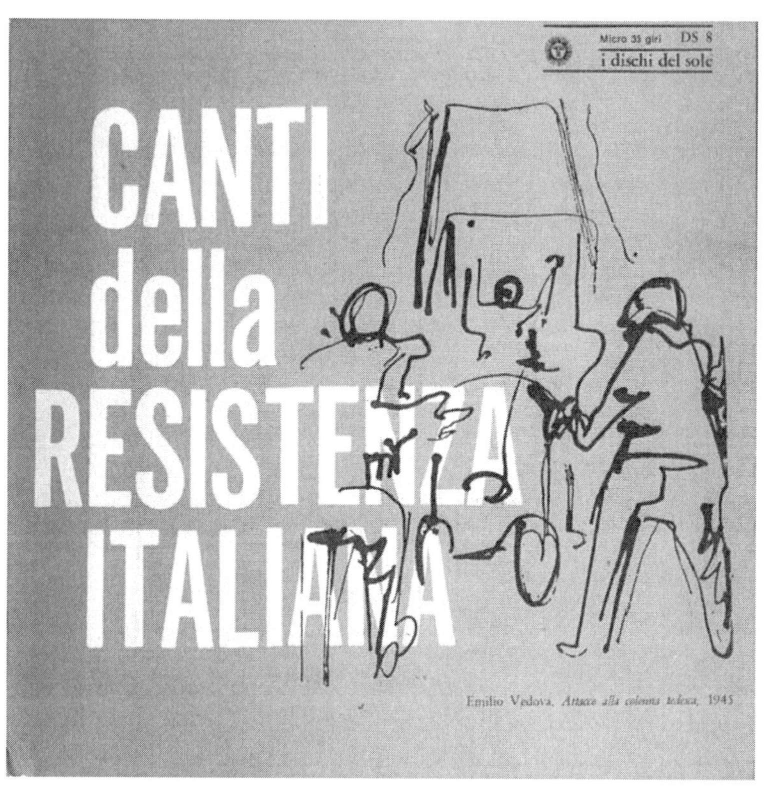

Plattencover von „Canti della Resistenza 2". I Dischi del sole 1963.

Ein altes Volkslied

Ich habe bereits Pier Paolo Pasolinis "Canzoniere Italiano" erwähnt. Diese Sammlung von traditionellen Volksliedern trägt eine Widmung: „für meinen Bruder Guido, der 1945 in den Bergen von Julisch-Venetien für ein neues Leben des italienischen Volks gefallen ist". Pasolinis Bruder war Partisan gewesen. In dieser Sammlung findet sich auch ein Lied im Dialekt der Emilia, dessen erste und letzte Strophe uns irgendwie bekannt vorkommen. Es heißt: La Teresina:[37]

Ista matina mi sun liveda
Un'ora prima avanti el Sol:
Mi son fata a la finestra
E g'ho vedù al mio amor

Heute morgen bin ich aufgestanden
Eine Stunde, bevor die Sonne aufging:
Ich ging hin zu meinem Fenster
Und da sah ich meinen Liebsten.

Al discuriva con 'n ragazza,
O Dio che pena, che dulor!
Mamma mia, minam in cisa
Avanti ai pija d'un cunfessor.

Er unterhielt sich mit einem Mädchen,
Oh Gott, welche Qual, welcher Schmerz!
Mamma mia, bring mich in die Kirche
Zu Füßen eines Beichtvaters.

Con la bocca dirò i peccati,
Con i occ farem l'amor.
Mamma mia, serè la porta
Che non vegna dentar nissun.

Mit dem Mund sage ich meine Sünden auf,
mit meinen Augen werde ich ihn lieben.
Mamma mia, schließe die Türe,
damit niemand hereinkommen kann,

Farò finta d'esser morta,
Farò pianzar d'un quich d'un.
Farem fer 'na busa fonda,
agh starem dentar in tri,

Ich werd so tun, als wäre ich tot,

ich werde jemanden zum Weinen bringen.
Wir werden eine tiefe Grube graben,
dort drinnen werden wir zu dritt sein,

Vu mia pedar, vu mia medar,
E al mio amor in brazz' a mi.
Piantarem poi d'un fior,
Dmen matina saà fiori,

Ihr mein Vater, ihr meine Mutter
und meinen Liebsten werde ich im Arm halten.
Dann werden wir eine Blume pflanzen,
morgen früh dann wird sie blühen.

E la zent che passeran
Lor diràn, o che bel fior
L'è al fior dla Teresina
Che l'è morta par amor.

Und die Leute, die vorbeigehen, sagen:
Oh, was für eine schöne Blume!
Das ist die Blume der Teresina,
die aus Liebe gestorben ist.

Dieses Lied im Dialekt der Emilia hat zumindest in der ersten und letzten Zeile eine sehr große Ähnlichkeit mit „Bella ciao“ und könnte daher ein Vorläufer gewesen sein. Aber das ist noch nicht alles:

Im hinteren Teil von Pasolinis „Canzoniere“ finden wir ein Kapitel über „Canti del Risorgimento“, also Lieder aus der Zeit der Unabhängigkeitskriege im 19. Jahrhundert.

Dort finden wir ein Soldatenlied mit dem Titel „Stamattina mi sono alzato“.[38]

Stamattina mi sono alzata,
un'ora prima che leva il sole,
mi son messa alla finestra
mi go visto el primo amor.

Heute morgen bin ich aufgestanden,
eine Stunde bevor die Sonne aufging,
ich stellte mich an das Fenster
und sah meine erste Liebe.

L'era al braccio d'una ragazza
Una ferita mi viene al cor.

"Cara Mamma, seré la porta,
che qua non entra mai più nissun."

Er war am Arm eines Mädchens
Das zerschneidet mir das Herz.
„Liebe Mama, schließ die Türe,
damit hier niemand mehr hereinkommt."

"Cara figlia sta alegra e canta,
sta alegra e canta, sta qua con me,
Farem fare una casetta
E ci staremo poi tutti i tre."

„Liebe Tochter, bleib fröhlich und singe,
bleib fröhlich und singe, bleib hier bei mir,
Wir lassen eine Kiste bauen
Und da passen wir alle drei hinein."

Prima il padre e poi mia madre
E il mio amore in braccio a me.
Tutti quelli che passeranno
Dimanderanno cos'è quel fior:

Zuerst mein Vater, dann meine Mutter
Und meinen Liebsten in meinem Arm.
All jene, die vorbeigehen
Werden fragen, was ist das für eine Blume:

Quello è il fiore della Rosina
Che lè morta pel troppo amor.

Das ist die Blume der Rosina
Die aus zu viel Liebe gestorben ist.

Über die Ursprünge dieses Liedes erfahren wir bei Pasolini leider nichts. Wir müssen dafür einen gewissen Costantino Nigra (1828–1907) zu Hilfe nehmen, Diplomat, Sprachwissenschaftler und Dichter, der auch über Volkslieder forschte. Er interessierte sich auch speziell für die Veränderungen einzelner Lieder, die von Dorf zu Dorf und auch in andere Regionen weitergegeben wurden. Die mündliche Verbreitung führte zu Varianten, die auch durch die unterschiedlichen Dialekte befördert wurden. Costantino Nigra hat in seiner Sammlung auch ein Lied mit dem Titel „Fior di tomba" (Grabblume), im piemontesischen Dialekt geschrieben, das „La Teresina" in Pasolinis „Canzoniere" ähnelt. Außerhalb Piemonts zirkulierte eine andere, verbreitetere Version, die allgemein als „Fior di tomba II" bezeichnet wurde und ab Mitte des 19. Jahrhunderts in ganz Norditalien bekannt war.[39]

Nigra selbst identifiziert in beiden Varianten zwei Themen:

„Im ersten verlangt das Mädchen, das verheiratet werden soll oder selbst heiraten möchte, einen Gefangenen zum Ehemann. Man sagt ihr, er sei zum Tode verurteilt und die Strafe würde schon am nächsten Tag vollstreckt werden. Da sagt sie, wenn sie diesen jungen Mann töten, würde auch sie sterben, und sie verlangt, dass ein Grab für drei hergerichtet wird (und es sind vier, Vater, Mutter und die beiden Liebenden; aber diese ergeben nur eine, denn ihr Freund wird in ihren Armen liegen). Auf das Grab wird dann eine schöne Blume gepflanzt werden, und die Leute, die vorbeigehen und ihren Duft riechen, werden sagen: ‚es ist gestorben die schöne (entweder Rosina oder Rosettina) und sie ist aus Liebe gestorben'; oder: ‚das ist die Blume der Rosina, die aus Liebe starb'. Dieses Thema ist vorherrschend im Piemont.

Nach dem anderen Thema, das in Venetien vorherrscht, sieht das Mädchen den Geliebten, der mit einer anderen Frau spricht, das betrübt sie, und sie sagt ihrer Mutter, sie solle die Türe schließen, damit niemand mehr hereinkomme; sie möchte so tun, als wäre sie tot, und jemanden zum Weinen bringen (also den Geliebten). Und dann fügt sie hinzu, sie möchte eine Girlande aus Rosen machen lassen und sie als Band hinlegen lassen, wenn sie tot sein wird, und einen tiefen Sarg bauen lassen, in dem Platz für drei ist, und der Rest wie oben."[40]

Dieses Lied ist zweifellos eine der Vorlagen zu „Bella ciao". Sowohl der Anfang: „Eines Morgens bin ich aufgestanden", als auch der Schluss des Liedes: „Und die Leute, die vorbeigehen, sagen: ‚Oh, was für eine schöne Blume!' Das ist die Blume der Teresina (in der Emilia) oder Rosina (in Venetien), die aus Liebe gestorben ist."

Costantino Nigra geht aber noch weiter: Er findet einen Vorläufer von „Fior di tomba" in Frankreich, den er auf das Jahr 1536 terminiert: „La complainte de la dame à la tour e du prisonnier": Die Klage von der Dame am Turm und dem Gefangenen. Darin geht es, wie in der ersten Variante von „Fior di tomba" um ein junges Mädchen und einen Gefangenen, der zum Tode verurteilt wurde:[41]

La belle se siet
au pied de la tour
Qui pleure e soupire,
et mène grant doulour.

Die Schöne sitzt
Am Fuße des Turmes
Sie weint und seufzt
Und fühlt großen Schmerz

Son père li demande,
ma fille qu'avez vous?
Vollez-vous mari,
vollez-vous signour?

Ihr Vater fragt sie
Meine Tochter, was habt Ihr?
Wollt Ihr einen Ehemann,
Wollt Ihr einen edlen Herrn?

Je n'y veulzt mari
Je n'y veulzt signour,
Je veulzt le mien amy
Qui pourris en la tour.

Ich will keinen Ehemann,
Ich will keinen edlen Herrn,
Ich will meinen Freund,
Der im Turm verfault.

Par dieu, ma belle fille,
à cela fauldrez vous,
car il sera pendu demain,
au point du jour.

Bei Gott, meine schöne Tochter,
dies wird Euch nicht gelingen,
denn er wird morgen gehängt
im Morgengrauen.

Mon père, s'on le pend,
enterrez-moi dessoult,
s'entrediront les gens:
voici léalle amour

Mein Vater, wenn man ihn hängt,
begrabt mich darunter,
die Leute werden sich sagen:
Hier liegt die treue Liebe.

Dieses französische Lied tauchte zuerst in der Normandie auf, es finden sich aber Lieder mit ähnlichem Text auch in der Provence, der Gascogne und sogar in Katalonien.

Costantino Nigra fiel besonders die außerordentliche Treue in der mündlichen Weitergabe des Textes aus Frankreich ins Piemont und nach Venetien auf, und das über mehrere Jahrhunderte hinweg.

Das Lied hat sich über die traditionellen Handelswege aus Frankreich ins Piemont und in den Adriahafen Venedig verbreitet.

Die Ähnlichkeit von „Fior di tomba" mit „Bella ciao" betrifft hier aber nur die Ebene des Textes in den Strophen. Der Refrain fehlt noch vollständig. Auch mit der Melodie haben wir uns noch nicht befasst.

Ein weiteres Lied wird als eine der Vorlagen für „Bella ciao" betrachtet. Es heißt „La Bevanda sonnifera" (Der Schlaftrunk):[42]

E la mia mamma l'è poverina,
di buon mattino mi fa levar
e la mi manda a la funtanella,
a prender l'acqua per cucinar.

Und meine Mama, die ist so arm,
am frühen Morgen lässt sie mich aufstehen
und sie schickt mich hin zum Brunnen
um Wasser zum Kochen zu holen.

Appena giunta alla funtanella,
un cavaliere la gà incontrà.
Me lo daresti un bicchier d'acqua,
che da luntan son rivà fin qua.

Kaum bin ich angekommen am Brunnen
Traf ich dort auf einen Herrn.
Gibst du mir bitte ein Glas Wasser,
denn von weither bin ich gekommen.

Non ho né tazza e né bicchiere,
per dar da bere a stò cavalier.
E non è l'acqua che mi vorria,
sol che una notte a dormir con te.

Ich habe keine Tasse und kein Glas,
um diesem Herrn zu trinken zu geben.
Und es ist nicht Wasser, was ich möchte,
sondern eine Nacht mit dir schlafen.

E la sua mamma da sü la porta,
o figlia mia digli di si.
Prepareremo una bevanda,
tutta la notte starà a dormì.

Und ihre Mama sagt an der Türe
Oh meine Tochter, sage ihm ja.
Wir bereiten ihm einen Schlaftrunk,
die ganze Nacht wird er nur schlafen.

Tutta la notte lui dorme e ronfa,
non si ricorda di far l'amor.
Oh cavaliere, bel cavaliere
è già da un'ora che spunta il dì.

Die ganze Nacht nur schlafen und schnarchen,
er denkt nicht mehr daran, Liebe zu machen.
Oh mein Herr, mein schöner Herr,
seit einer Stunde schon ist es Tag.

E altrettanti te ne darei,
un'altra notte a dormir con te.
E la sua mamma da sü la porta,
o figlia mia digli di no.

Und ebenso viele will ich dir geben,
eine weitere Nacht mit dir zu schlafen.
Und ihre Mama sagt an der Türe
Oh meine Tochter sage ihm nein.

La prima volta non t'ha ingannato,
ma la seconda ti può ingannar.
La prima volta non t'ha ingannato,
ma la seconda ti può ingannar.
La, la, la, la, la, la, la, la, la, la....

Das erste Mal hat er dich nicht überlistet,
doch das zweite Mal kann er dich überlisten.
Das erste Mal hat er dich nicht überlistet,
doch das zweite Mal kann er dich überlisten.
La, la, la, la, la, la, la, la, la, la....

Soweit die Geschichte von einer Mutter und ihrer Tochter, die einem Edelmann das Geld für die Liebesnacht abknöpfen und ihm dann einen Schlaftrunk einflößen. Hier findet sich bereits der Rhythmus von „Bella ciao" und auch der Ansatz einer ähnlichen Melodie. Auch von diesem Lied gibt es verschiedene Versionen in unterschiedlichen Dialekten mit leicht abweichendem Text. Manchmal ist auch von „cento scudi“ (Hundert Scudi) die Rede.

Ein häufiges Phänomen ist die Vermischung bzw. Kontamination verschiedener Volkslieder. Giuseppe Cocchiara erwähnt in seiner Volksliedsammlung[43] ein Lied aus dem Apennin bei Parma, das „La bevanda sonnifera“ mit „Fior di tomba II“) vermischt:

La mia mamma l`è vecchierella
La mattina mi fa levà’
La prima cosa che mi comanda
A prende’ l’acqua per fa’ desinà’

Meine Mama ist etwas alt
Am Morgen lässt sie mich aufstehen
Das Erste, was sie mir befiehlt, ist
Wasser zu holen, um Mittagessen zu kochen.

Istamatina mi son levata,
mi son levata al par del sol,
Mi sono affacciata alla finestra
È l’ho veduto ‘l mio primo amò’

Heute morgen bin ich aufgestanden,
ich bin aufgestanden mit der Sonne,
ich schaute hinaus aus meinem Fenster
und sah meine erste Liebe.

L’era in piazza che negoziava
E negoziava di rose e di fiò’
Un autra amante lo vagheggiava,
Oh Dio! che pena e che dolò.

Er stand auf dem Platz und verhandelte
Und er verhandelte über Rosen und Blumen
Eine andere Geliebte träumte von ihm,
Oh Gott, welche Qual und welcher Schmerz.

La faremo una cassettella
Che ce ne capi drento tre,
Lo mio babbo, la mia mamma,
Lo mio bene in grembo a me.

Wir werden eine kleine Kiste bauen
In die drei hineinpassen
Mein Papa, meine Mama,
und mein Schatz auf meinem Schoß.

Eine Variante von diesem Lied bringt uns noch weiter zum Partisanensong: Es ist ein altes Kinderlied, das mit Händeklatschen verbunden ist. Die Kinder sollten dadurch die Koordination ihrer Hände lernen und ein Gefühl für Rhythmus bekommen.[44]

La me nòna l'è vecchierèlla — ***Meine Oma ist schon etwas alt***

La me nòna l'è vecchierèlla,
la me fa ciau
la me diś ciau
la me fa ciau ciau ciau
la me manda la funtanèla
a tor l'aqua per deśinar.

Meine Oma ist schon etwas alt,
Sie winkt mir ciao,
Sie sagt mir ciao,
Sie winkt mir ciao, ciao, ciao,
Sie schickt mich hin zum Brunnen
Um Wasser fürs Mittagessen zu holen.

Fontanèla mi no ghe vago
la me fa ciau
la me diś ciau
la me fa ciau ciau ciau
fontanèla mi no ghe vago
perché l'aqua la me pol bagnar.

Zum Brunnen, da gehe ich nicht hin,
Sie winkt mir ciao,
Sie sagt mir ciao,
Sie winkt mir ciao, ciao, ciao,
Zum Brunnen, da gehe ich nicht hin,
Denn vom Wasser kann ich nass werden.

Ti darò cincento scudi,
la me fa ciau
la me diś ciau
la me fa ciau ciau ciau
ti darò cincento scudi
perché l'aqua la te pol bagnar.

Ich werde dir fünfhundert Scudi geben,
Sie winkt mir ciao,
Sie sagt mir ciao,

Sie winkt mir ciao, ciao, ciao,
Ich werde dir fünfhundert Scudi geben
Denn vom Wasser kannst du nass werden.

Cinque scudi l'è assai denaro
la me fa ciau
la me diś ciau
la me fa ciau ciau ciau
cinque scudi l'è assai denaro
perché l'aqua la me pol bagnar.

Fünf Scudi, das ist sehr viel Geld,
Sie winkt mir ciao,
Sie sagt mir ciao,
Sie winkt mir ciao, ciao, ciao,
Fünf Scudi, das ist sehr viel Geld,
Denn vom Wasser kann ich nass werden.

Alor corro a la fontanèlla
la me fa ciau
la me diś ciau
la me fa ciau ciau ciau
alor corro a la fontanèlla
a tor l'aqua per deśinar.

Also laufe ich hin zum Brunnen,
Sie winkt mir ciao,
Sie sagt mir ciao,
Sie winkt mir ciao, ciao, ciao,
Also laufe ich hin zum Brunnen,
Um Wasser fürs Mittagessen zu holen.

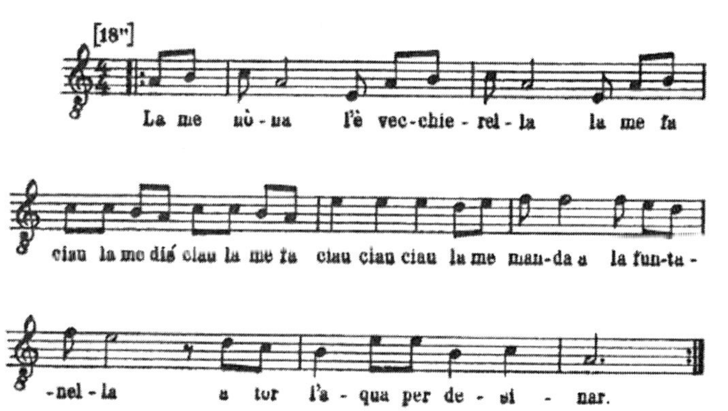

Dieses Lied trägt schon den Refrain von „Bella ciao" in sich. Der Rhythmus und die Melodie sind auch gleich, nur der Text weicht ziemlich ab, er ist eine Variante von „La bevanda sonnifera". Wenn wir nun aber den Text von „Fior di tomba II" nehmen und ihn mit der Melodie und dem Refrain von „La me nòna l'è vecchierèlla" zusammenbringen, haben wir schon die Grundlage für „Bella ciao". Auch hier können wir das Phänomen der „Kontamination" beobachten. Tatsächlich gibt es von allen drei Liedern („Fior di tomba", „La bevanda sonnifera" und „La me nòna" mehrere Varianten und auch Vermischungen. Zum Beispiel berichten mehrere Frauen, sowohl auf „La me nòna" als auch auf „La bevanda sonnifera" das Händeklatschen gelernt zu haben.

Cesare Bermani zitiert den Musikethnologen Franco Coggiola in einem unveröffentlicht gebliebenen Text, der im Archiv des Istituto Ernesto de Martino verwahrt wird:

> „Dann gibt es eine Version von „La bevanda sonnifera", in der das musikalische Motiv fast identisch mit dem von ‚Bella ciao' ist: es wurde 1965 von Pasquale Guadagnolo in Trient aufgenommen, und die Informantin erklärte, es handele sich um ein Lied, das von den Kindern für ihre Spiele benutzt wurde. Genauer gesagt, es wurde benutzt, um das Spiel zu begleiten, in dem sich zwei Kinder gegenüber aufstellen, ihre Hände in vertikaler Position auf Schulterhöhe halten, die Handflächen nach außen: das Spiel besteht darin, sich gleichzeitig gegenseitig die Hände abzuklatschen, und nach jedem Klatschen auf die Hände des anderen Kindes in die eigenen Hände zu klatschen, mal diagonal überkreuzend, damit sich die beiden Rechten oder die beiden Linken berühren, mal beide Hände gleichzeitig nach vorne bewegend, um die des Spielkameraden zu treffen. Es ist keine gewagte Hypothese, dass der Einsatz des Händeklatschens im Refrain von ‚Bella ciao' aus einer solchen Reminiszenz entstanden ist."[45]

Pierina Turrini Rossi hat dieses Spiel 1931 im Kindergarten in der Provinz Mantua erlebt, Dina Betri in den Jahren 1930/31 in einem Ferienlager in Siena, und zwar beide auf die Melodie von „La bevanda sonnifera".

Und in einigen Versionen von „Fior di tomba II" gibt es einen Refrain:

„Alla Mattina mi son alzata
E con quel ciao mi disse ciao e ciao e ciao
Alla mattina mi son alzata
L'era tre ore avanti el sol

Am Morgen bin ich aufgewacht
Und mit diesem Ciao sagte er mir ciao und ciao und ciao
Am Morgen bin ich aufgewacht
Drei Stunden vor der Sonne

E mi son fatta alla finestrella
E con quel ciao mi disse ciao e ciao e ciao
E mi son fatta alla finestrella
E io ho vedû il mio primo amor

Und ich ging hin ans Fenster
Und mit diesem Ciao sagte er mir ciao …
Und ich ging hin ans Fenster
Und sah meine erste Liebe

E l'era in piazza con 'na ragazza
E con quel ciao mi disse ciao e ciao e ciao
E l'era in piazza con 'na ragazza
O che pene o che dolor

Er war auf dem Platz mit einem Mädchen
Und mit diesem Ciao sagte er mir ciao …
Er war auf dem Platz mit einem Mädchen
Oh welche Qual oh welcher Schmerz

O mamma mia menèm in chiesa
E con quel ciao mi disse ciao e ciao e ciao
O mamma mia menèm in chiesa
Davanti al pie del confessor

Oh meine Mutter bring mich in die Kirche
Und mit diesem Ciao sagte er mir ciao …
Oh meine Mutter bring mich in die Kirche
Vor die Füße eines Beichtvaters

E con la bocca dirò i peccati
E con quel ciao mi disse ciao e ciao e ciao
E con la bocca dirò i peccati
E con il cuore farò l'amor."[16]

Und mit dem Mund sag ich meine Sünden
Und mit diesem Ciao sagte er mir ciao …
Und mit dem Mund sag ich meine Sünden
Und mit dem Herzen liebe ich ihn.

Roberto Leydi und Filippo Crivelli, die beiden Autoren des Programms „Bella Ciao" beim Festival von Spoleto, schreiben dazu:

> „Was den Einschub ‚O bella ciao' betrifft, so war er schon präsent in mindestens einigen Varianten eines sehr bekannten erzählerischen Liedes namens „La bevanda sonnifera". Die Melodie ist hingegen die Modifikation eines weit gebrauchten Themas aus Norditalien, das sowohl in manchen Varianten von „La bevanda sonnifera" als auch in anderen von „Picchia picchia la porticella" präsent ist."[47]

„Picchia picchia la porticella" (=Klopfe, klopfe an die Türe) ist ein Liebeslied aus der Lombardei, dessen Text die Themen Liebe und Gefängnis aufgreift, und dessen Dur-Melodie, in Moll gesetzt, der Melodie, und auch dem Rhythmus von „Bella ciao", wie wir sie alle kennen, schon sehr nahe kommt.

E picchia picchia la porticella
Dicendo: Oi bella, mi vieni a aprir
E picchia picchia la porticella
Dicendo: Oi bella, mi vieni a aprir

Und klopfe klopfe an die Türe
Und sag: Oh Schöne, komm und mach mir auf
Und klopfe klopfe an die Türe
Und sag: Oh Schöne, komm und mach mir auf

Con una mano aprì la porta
e con la bocca la gli dà un bacin.
La gh'ha dato un bacio così tanto forte
che la suoi mamma la l'ha sentì.

Mit einer Hand öffnete sie die Türe
Und mit dem Mund gab sie ihm einen Kuss.
Sie gab ihm einen so festen Kuss
Dass ihre Mutter ihn gehört hat.

"Ma cos'hai fatto, figliola mia,
che tutto il mondo parla mal di te?".
"Ma lascia pure che il mondo 'l diga:
io voglio amare chi mi ama me.

„Was hast du denn getan, meine Tochter,
dass die ganze Welt schlecht von dir redet?"
„Lass die Welt es nur sagen:
Ich will den lieben, der mich liebt.

Io voglio amare quel giovanotto
ch'l'ha fatt sett'anni di prigion per me.
L'ha fatt sett'anni e sette mesi
e sette giorni di prigion per me.

Ich will den jungen Mann lieben,
der für mich sieben Jahr im Gefängnis war.
Er war sieben Jahre und sieben Monate
Und sieben Tage für mich im Gefängnis.

E la prigione l'è tanto scura,
mi fa paura, la mi fa morir".
E la prigione l'è tanto scura,
mi fa paura, la mi fa morir".

Und das Gefängnis, das ist so finster,
es macht mir Angst, es bringt mich um.
Und das Gefängnis, das ist so finster
Es macht mir Angst, es bringt mich um.

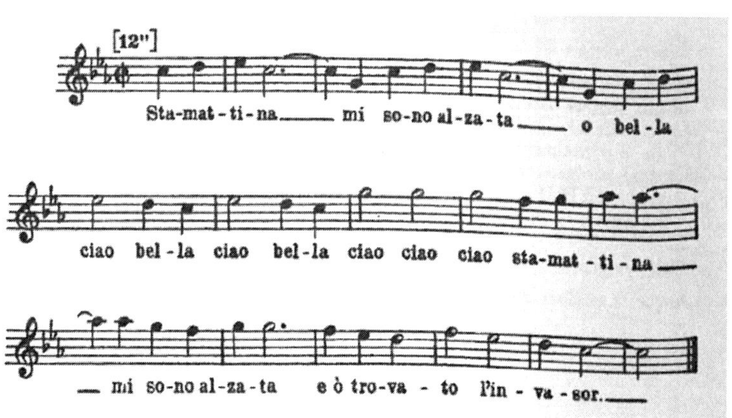

Der musikalische Carabiniere

An dieser Stelle kommt wieder ein Brief ins Spiel. Abgeschickt wurde er am 15. Juli 1974 an die ‚Edizioni Bella ciao", bei der damals Cesare Bermani mitarbeitete. Absender war ein gewisser Rinaldo Salvadori, der sich als Autor des Liedes „Bella ciao" ausgab. Der Brief begann folgendermaßen:

> „Ich wurde am 19. Januar 1912 im Ortsteil Camuscìa von Cortona (Arezzo) in einer Familie kleiner Immobilien- und Landbesitzer und Händler geboren. Ich besuchte die fünf Jahre Grundschule und drei Jahre der höheren Schule und spielte Klarinette in der Musikkapelle von Camuscìa. Ich erinnere mich, dass ich mich gegen Ende der Zwanzigerjahre in einer Gruppe mit anderen Freunden traf, um mit Gitarre und Mandoline Tanzmusik zu spielen und Lieder zu singen. So habe ich auch angefangen, selbst Lieder zu schreiben, indem ich mir in meinem Kopf sowohl die Musik als auch den Text ausdachte. Mit 18 Jahren meldete ich mich freiwillig zu den Carabinieri und im April 1931 zog ich nach Rom und trat der Musikkapelle der Carabinieri-Schüler bei. Meine fixe Idee war es aber, Autor und Komponist [...] zu werden."[48]

Zu diesem Zweck tat sich Salvadori mit dem Textdichter Nino Rastelli zusammen. Doch es war eine Frau, die für den weiteren Verlauf der Dinge besonders wichtig war.

> „1933 lernte ich in Genua Marie Freçais[49] kennen, eine junge Frau aus Marseille, die im Herbst und Winter als Dienstmädchen arbeitete und jedes Frühjahr zur Arbeit auf die Reisfelder in der Provinz Vercelli fuhr. Aber vielleicht sollte ich besser sagen, dass sie eine Art Chanteuse der mondine, der Reisarbeiterinnen war. Sie sang nämlich in den Tanzlokalen, die von den mondine des Consorzio Nazionale Risicoltori di Vercelli [Nationales Reisanbauunternehmen von Vercelli] frequentiert wurden."

Salvadori hatte sich gleich in Marie verliebt und schrieb für sie mehrere Lieder. Irgendwann schlug Marie ihm vor, ein Tanzlied im Dialekt von Vercelli ins Italienische zu übersetzen. Dabei kam heraus, dass sie einen französischen Vater hatte, der Sänger und Gaukler war, aber ihre Mutter stammte aus Vercelli. Die Übersetzung ins Italienische übernahm Salvadori zusammen mit seinem Freund Rastelli.

> „In diesem Lied war ein Refrain mit ‚Su, su, su mia bella ciao' [=Auf, auf, auf, meine Schöne, lebe wohl]. Marie erklärte mir dann, dass ‚bella ciao' ein etwas spöttischer Abschiedsgruß der ‚Verlobten' während der Zeit auf den Reisfeldern an die mondine war, junge Mädchen, die vorbeikamen und die man dann nicht wiedersah. Jedenfalls schrieb ich 1934 für sie ‚La risaia' (Das Reisfeld), ein Lied, das zwar das wiedergab, worum es in diesem Tanzlied ging, aber es war von mir und hatte eine ganz andere Musik."

Dieses Lied, „La risaia", kam bei den mondine ziemlich gut an. Als Salvadori Marie 1935 wiedersah, teilte diese ihm mit, es würde jeden Abend gespielt werden und habe inzwischen das Tanzlied im Dialekt ersetzt.

> „Da das Lied Erfolg hatte, wandten Rastelli und ich uns 1936 an [Arnaldo] Vigevani und ließen es von ihm musikalisch überarbeiten, denn ich kann zwar Musik schreiben, aber nicht eine wirklich präzise Anpassung und auch nicht die verschiedenen Parts für die Instrumente. [...]. Aber der Kern des Liedes, das, was ich geschrieben habe, ist auf die Melodie von ‚Bella ciao'":

Quando un giorno te ne andrai
Giù in risaia e canterai
Mariuccia poi vedrai
Che da me ritornerai
[strofa parlata mentre suona la musica]

Wenn du eines Tages weggehst
Hinunter ins Reisfeld und singst
Dann wirst du Mariechen sehen
Die zu mir zurückkehren wird
[Strophe wird gesprochen, während die Musik spielt]

La risaia è laggiù
Fango e acqua fan glu glu
Sor padrone stia pur giú
Se non paga sto quassù

Das Reisfeld ist da unten

Schlamm und Wasser machen gluck gluck
Herr Patron bleiben Sie nur unten
Wenn Sie nicht zahlen, bleibe ich hier oben

Una mattina mi sono alzato
Mia bella ciao bella ciao bella ciao ciao ciao
A me vicina non ti ho trovato
perché sei andata a lavorare

Eines Morgens bin ich aufgestanden
Mia bella ciao bella ciao bella ciao ciao ciao
An meiner Seite habe ich dich nicht gefunden
Denn du bist arbeiten gegangen

E te andasti laggiù in risaia
Mia bella ciao bella ciao bella ciao ciao ciao
Per zaccherarti laggiù in risaia
Di fango e acqua sotto il sole

Und du gingst hinunter ins Reisfeld
Mia bella ciao bella ciao bella ciao ciao ciao
Um dich da unten im Reisfeld zu beschmutzen
Mit Schlamm und Wasser in der Sonne

E tante genti che passeranno
Mia bella ciao bella ciao bella ciao ciao ciao
Con argomenti esclameranno
Che vita infame debbon fare

Und viele Leute die vorbeigehen
Mia bella ciao bella ciao bella ciao ciao ciao
Werden zurecht ausrufen
Was für ein erbärmliches Leben müssen sie führen

Ma le mondine nel fior degli anni
Mia bella ciao bella ciao bella ciao ciao ciao
Così vicine nel fior degli anni
Ti canteranno la canzone.

Aber die mondine in der Blüte ihrer Jahre
Mia bella ciao bella ciao bella ciao ciao ciao
So nahe an der Blüte ihrer Jahre
Werden dir das Lied singen

Bella ciao
Bella ciao
Ciao, ciao, ciao
Bella ciao.

Durch den Erfolg ermuntert, meldet Salvadori das Lied in Rom bei der SAEI an, der italienischen Autorenvereinigung, der italienischen Entsprechung zu GEMA und VG WORT. Doch von dort kam am 30. Juni 1936 per Brief eine offizielle Abmahnung:

> „Ohne sich offenbar klar zu sein über die Schwere der Komposition wegen der Worte ‚Herr Patron bleiben Sie nur unten / Wenn Sie nicht zahlen, bleibe ich hier oben / … Was für ein erbärmliches Leben müssen sie führen […].' Die Autoren sind aufgefordert, besagten Text zu ändern, zur Vermeidung strenger Maßnahmen, weil er mit dem politischen System des Staates nicht kompatibel ist."[50]

So fährt Salvadori persönlich nach Rom, um sich den Fragen des Beamten zu stellen. Dieser wirft ihm zunächst vor, dass er auch noch in Uniform erscheint. Es entspinnt sich folgender Dialog:

> „Aber wissen Sie denn, dass der Text, den Sie geschrieben haben, Rebellion bedeutet?" „Aber die mondine erzählen mir, dass sie ausgebeutet werden, dass sie sie für zwei oder drei Tage einstellen und sie dann zu Hause lassen, ohne sie zu bezahlen, indem sie sagen, sie seien nicht fähig." „Hören Sie, wir werden auch diese Herren der mondine zurechtstutzen, aber Sie dürfen nicht die Leute aufwiegeln, nicht zu arbeiten. Das ist Boykott. Sie müssen lernen zu arbeiten und schweigen."[51]

„Dieses Lied wird ‚Lili Marleen' umbringen"

Salvadori entschuldigt sich, zieht die Anmeldung seines Liedes zurück und fährt wieder nach Hause. Weil er als Carabiniere keiner weiteren Tätigkeit nachgehen und keine Nebeneinkünfte erzielen darf, wird er auch von seinem Dienstherren abgemahnt und strafversetzt nach Tizzano Val Parma, einem kleinen Apenninendorf in der Provinz Parma. Erst 1940 kann er wieder nach Genua zurückkehren, wo ihn eine Nachricht von Marie erreicht. Er trifft sich mit ihr in einem Dorf in der Provinz Cuneo im westlichen Piemont, unweit der französischen Grenze, und Marie schlägt ihm vor, sich am Schwarzhandel zu beteiligen, den sie in großem Stil aufgezogen hat. Er willigt ein, einigt sich mit zwei, drei Carabinieri-Kollegen und einigen von der Finanzpolizei, und sie tauschen zwischen Frankreich und Italien französisches Parfüm und französischen Cognac und Likör gegen Zigaretten, Öl und Salami. So kam für Salvadori noch ein schöner Nebenverdienst hinzu.

Aber auch musikalisch blieb Rinaldo Salvadori nicht untätig. Das Dorf Dronero im Maira-Tal bei Cuneo und in der Nähe der französischen Grenze war der Ort, an dem Salvadori seine Ware ablieferte. Dort war auch eine Einheit der Gebirgsjäger stationiert.

> „Bei ihr lernte ich dann einen Feldwebel der Gebirgsjäger kennen, Giuseppe Panti, der damals wahnsinnig in Marie verliebt war, und dort habe ich eines Abends mit ihm zusammen den Text von ‚La risaia' in ‚Mia bella addio' umgeschrieben und machte es so zu einem Lied der Gebirgsjäger. Und das, obwohl die Gebirgsjäger bereits ein Lied auf die Melodie von ‚Bella ciao' sangen."

In dieser Version von 1941 heißt es u.a.:

Una mattina mi sono alzata
Mia bella addio bella addio …
Da te vicino non son tornato
Perché partito militare

Eines Morgens bin ich aufgestanden
Mia bella addio bella addio …
Zu dir kehrte ich nicht mehr zurück
Denn ich brach auf zum Militär

E militare lassù in montagna
Sul vero corpo degli alpini[52]

Und Militär dort oben in den Bergen
In der wahren Einheit der Gebirgsjäger

Es könnte diese Version gewesen sein, die der Zeitzeuge und Partisan Giuseppe Ravera im Sommer 1944 im Maira-Tal gehört hatte.

Erst später, im Sommer 1943, sollte Salvadori erfahren, dass Marie für die französische Resistance arbeitete und der Schwarzhandel in Wirklichkeit der Versorgung des französischen Untergrunds diente, und dass Marie auch Waffen schmuggelte.

> „So erfuhr ich auch, dass sie und ihre Partisanenfreunde ‚La risaia' zu einem Lied der französischen Resistance gemacht hatten. Und sie sagte mir: ‚Dieses Lied, das wir geschrieben haben, wird am Ende triumphieren und Lili Marleen umbringen."

Nach dem 25. Juli 1943, als Marschall Pietro Badoglio Mussolini absetzen und verhaften ließ, um einen Waffenstillstand mit den Alliierten zu schließen, schrieb Rinaldo Salvadori sein Lied erneut um[53]:

La risaia sta laggiù
Fango e acqua fan glu glu
Mio padrone stia pur giú
Perché ormai non torno più

Das Reisfeld liegt da unten
Schlamm und Wasser machen gluck gluck
Herr Patron bleiben Sie nur unten
Denn ich komme nun nicht mehr zurück

Una mattina mi sono alzato
Mia bella ciao bella ciao bella ciao ciao ciao
A me vicina non ti ho trovato
Tu m'hai lasciato in libertà

Eines Morgens bin ich aufgestanden
Mia bella ciao bella ciao bella ciao ciao ciao
An meiner Seite habe ich dich nicht gefunden
Du hast mich in die Freiheit entlassen

Combinazione vi fu quell'anno
Mia bella ciao bella ciao bella ciao ciao ciao
Destituzione di un tiranno
Lasciando tutti in libertà

Der Zufall wollte es in diesem Jahr

Mia bella ciao bella ciao bella ciao ciao ciao
Absetzung eines Tyrannen
Die allen die Freiheit brachte

Idee cambiate d'innovamento
Mia bella ciao bella ciao bella ciao ciao ciao
Tu le hai tracciate con ardimento
Da lungo tempo chi lo sa!

Andere Ideen der Erneuerung
Mia bella ciao bella ciao bella ciao ciao ciao
Die hast du eifrig geplant
Seit langem schon, wer weiß!

La Patria pure cambiava tutte
Mia bella ciao bella ciao bella ciao ciao ciao
Quelle strutture che avean distrutte
Le leggi della libertà.

Auch das Vaterland veränderte sie alle
Mia bella ciao bella ciao bella ciao ciao ciao
Jene Strukturen, die zerstört hatten,
die Gesetze der Freiheit.

Als am 8. September die Nachricht vom Waffenstillstand bekannt wird und die Deutschen Nord- und Mittelitalien besetzen, schreibt Rinaldo Salvadori das Lied erneut um, und zwar „unter Berücksichtigung auch des französischen Liedes – zusammen mit süditalienischen Soldaten, die sich nicht verstecken konnten, und geflohenen amerikanischen, französischen und polnischen Kriegsgefangenen".

Zur erwähnten französischen Version äußert sich Salvadori leider nicht und es finden sich davon auch anderswo keine Spuren.

Er habe, so schreibt er, „den Text von ‚Bella ciao' heruntergeschrieben, sehr schnell und unzusammenhängend. Und ‚Bella ciao' habe ich Pietro Badoglio gewidmet, weil Badoglio derjenige war, der tatsächlich den Faschismus gestürzt hat."[54]

Venne un giorno questa guerra
E quel riso della terra
Nascondevi in una serra
Come scorta di altra guerra …

Eines Tages kam dieser Krieg
Und den Reis der Erde
Versteckest du in einem Treibhaus

Als Vorrat für einen anderen Krieg ...

La risaia sta laggiù
Ma giammai ritorni tu
Il padrone aspetta giù
Chi ormai non torna più

Das Reisfeld liegt da unten
Aber niemals kehrst du zurück
Der Patron erwartet unten
Die, die nicht mehr zurückkommen

Una mattina mi sono alzato
Mia bella ciao bella ciao bella ciao ciao ciao
A me vicina ti ho trovato
Perché è arrivato l'invasore

Eines Morgens bin ich aufgestanden
Mia bella ciao bella ciao bella ciao ciao ciao
An meiner Seite habe ich dich gefunden
Denn es kam der Invasor

O badogliano mi porti via
Mia bella ciao bella ciao bella ciao ciao ciao
O partigiano andiamo via
Perché ho paura di morire

O Badoglianer, bring mich fort
Mia bella ciao bella ciao bella ciao ciao ciao
O Partisan, lass uns weggehen
Denn ich habe Angst zu sterben

Se muoio da partigiano
Mia bella ciao bella ciao bella ciao ciao ciao
Pregando Iddio sui monti o in piano
Tu mi darai l'estremo addio

Wenn ich sterbe als Partisan
Mia bella ciao bella ciao bella ciao ciao ciao
Und zu Gott bete auf den Bergen oder in der Ebene
Dann gibst du mir den letzten Abschied

E benedire lassù in montagna
Mia bella ciao bella ciao bella ciao ciao ciao
Poi seppellire per la montagna
Fra tante piante sotto un fiore

Und segnen da oben in den Bergen
Mia bella ciao bella ciao bella ciao ciao ciao
Dann begraben in den Bergen

Zwischen vielen Pflanzen unter einer Blume

E tante genti che passeranno
Mia bella ciao bella ciao bella ciao ciao ciao
Con argomenti inveiranno
A quel tiranno e l'oppressore

Und viele Leute, die vorbeigehen
Mia bella ciao bella ciao bella ciao ciao ciao
Werden zurecht schimpfen
Auf diesen Tyrannen und Unterdrücker

È questo un fiore del partigiano
Mia bella ciao bella ciao bella ciao ciao ciao
Il bel fiore del partigiano
Che morto è per la bella Italia

Das ist die Blume des Partisanen
Mia bella ciao bella ciao bella ciao ciao ciao
Die schöne Blume des Partisanen
Der für das schöne Italien gestorben ist.

Bella ciao
bella ciao
ciao, ciao ciao
bella ciao.

Es war der 20. September 1943 und auch der letzte Tag, an dem Marie und er sich begegnet sind.

„‚Wir sehen uns nach dem Krieg wieder'. Sie kehrte mit ihren Freunden nach Frankreich zurück und ich flüchtete in die Toskana und ließ die Uniform, die Pistole und die Gitarre zurück."

Die Toskana wurde bereits im Sommer 1944 von den Partisanen und den Alliierten befreit. Nachdem Salvadoris Heimatstadt Cortona am 3. Juli 1944 befreit worden war, ließ er auf zwei Blättern mehrere seiner Lieder drucken, darunter „Bella ciao" und „La risaia".

Nach dem Kriegsende suchte Rinaldo Salvadori vergeblich nach Marie. Die einen sagten, sie habe in Frankreich geheiratet, andere behaupteten, sie sei als Partisanin erschossen worden. Was davon stimmte, hat sich nie aufgeklärt.

Rinaldi Salvadori wurde Mitglied der Kommunistischen Partei, verzichtete aber darauf, „Bella ciao" als sein Lied offiziell anzumelden.

„Nach dem Krieg haben wir aber ‚Bella ciao' nicht angemeldet, weil Rastelli mehr schwarz als rot war: er war Faschist und dann hatte er bei Radio Tevere mit der Republik von Salò zusammengearbeitet. Schließlich wollte er – der den italienischen Text von Lili Marleen transkribiert hatte – dieses Lied aus Gründen der Kohärenz nicht anmelden. Auch Vigevani war alles andere als ein Freund der Partisanenlieder. Was mich betraf, so war ich Carabiniere und wollte es nicht alleine anmelden."

Cesare Bermani hat Rinaldis Angaben überprüft und kam zum Schluss, dass sie glaubwürdig sind.

Das Lied verbreitete sich also, ohne dass sein Urheber bekannt wurde. Falls überhaupt von „dem Urheber" gesprochen werden kann, angesichts der vielen Vorläufer und auch verschiedenen Fassungen. Welches Tanzlied im Dialekt von Vercelli die Vorlage zu Salvadoris „Risaia" war, ist auch nicht bekannt. Er selbst hat sich dazu nicht klar geäußert. Es könnte „Fior di tomba" gewesen sein. Und das Lied, das Giovanna Daffini in den 1930ern bzw. 1940 gehört hatte, kann sowohl „Fior di tomba" als auch Savadoris „La risaia" gewesen sein. Schließlich ist es eine Tatsache, dass „Bella ciao" mehrere Quellen und also verschiedene Urheber hatte. Ebenso viele Versionen gibt es. Salvadori schreibt selbst, dass die „alpini", die Gebirgsjäger bereits ein Lied auf den Refrain „Bella ciao" sangen, bevor er aus „La risaia" ein Lied für die Gebirgsjäger der Provinz Cuneo schrieb.

Bermani erwähnt noch eine weitere Variante bereits aus der Zeit des Ersten Weltkriegs. Er zitiert einen gewissen Pasquale Guadagnolo, der im Oktober 1966 ein Fragment einer Version fand, die nach der Niederlage der italienischen Armee bei Caporetto im Oktober 1917 (auch als Isonzo-Schlacht bekannt) entstanden war:[55]

Una mattina mi son svegliato
o bella ciao, ciao, ciao o bella ciao, ciao, ciao
una mattina mi son svegliato /
e sono andato disertor

Eines Morgens bin ich aufgewacht
o bella ciao, ciao, ciao o bella ciao, ciao, ciao
Eines Morgens bin ich aufgewacht
Und bin desertiert

Und was hat die „Brigata Maiella“ in den Abruzzen gesungen? Deren Partisanen kannten die Melodie von den Frauen, die aus den Abruzzen ins Piemont auf die Reisfelder arbeiten gingen und das Lied mitbrachten. Und sie hörten es wahrscheinlich, als sie durch die Ortschaften der Marken kamen.

Aber welche Version bzw. welchen Vorläufer? „Fior di tomba“? „La risaia“? Es ist wahrscheinlich, dass in den Abruzzen auch unabhängig von Rinaldo Salvadori alternative Textvarianten erfunden worden waren, wie die Zeitzeugen bestätigen.

Wir müssen uns vorstellen, dass sowohl Volkslieder wie auch Lieder des „canto sociale“ mündlich weitergegeben wurden, von Dorf zu Dorf, von Region zu Region, von Dialekt zu Dialekt und ins Italienische übertragen, und dabei stets leicht variiert wurden. Die Lieder verbreiteten sich an den Arbeitsplätzen, in den Kneipen, bei Dorffesten, an den Treffpunkten politischer Organisationen usw.[56]

Schon die erste Zeile von „Bella ciao“ existiert in mindestens fünf verschiedenen Varianten:

Stamattina mi sono alzato
Stamattina mi son svegliato
Questa mattina mi son svegliato
Una mattina mi son svegliato
Una mattina mi sono alzato[57]

Heute morgen bin ich aufgestanden
Heute morgen bin ich aufgewacht
Diesen Morgen bin ich aufgewacht
Eines Morgens bin ich aufgewacht
Eines Morgens bin ich aufgestanden

Auch die nachfolgenden Strophen existieren in verschiedenen Varianten. Es ist daher schwierig, von einem „Original“ zu sprechen. Die unterschiedlichen Versionen haben sich parallel entwickelt, wie auch die Zeitzeugen bestätigen.

Cesare Bermani schreibt dazu:

> „Die Geschichte von *Bella ciao* ist ein nie vollendeter Roman, denn es gibt keinen einmaligen Text, sondern viele Varianten, die sich verändern und mit einer Reihe von Gruppen- oder indivuellen Geschichten verflochten sind.“[58]

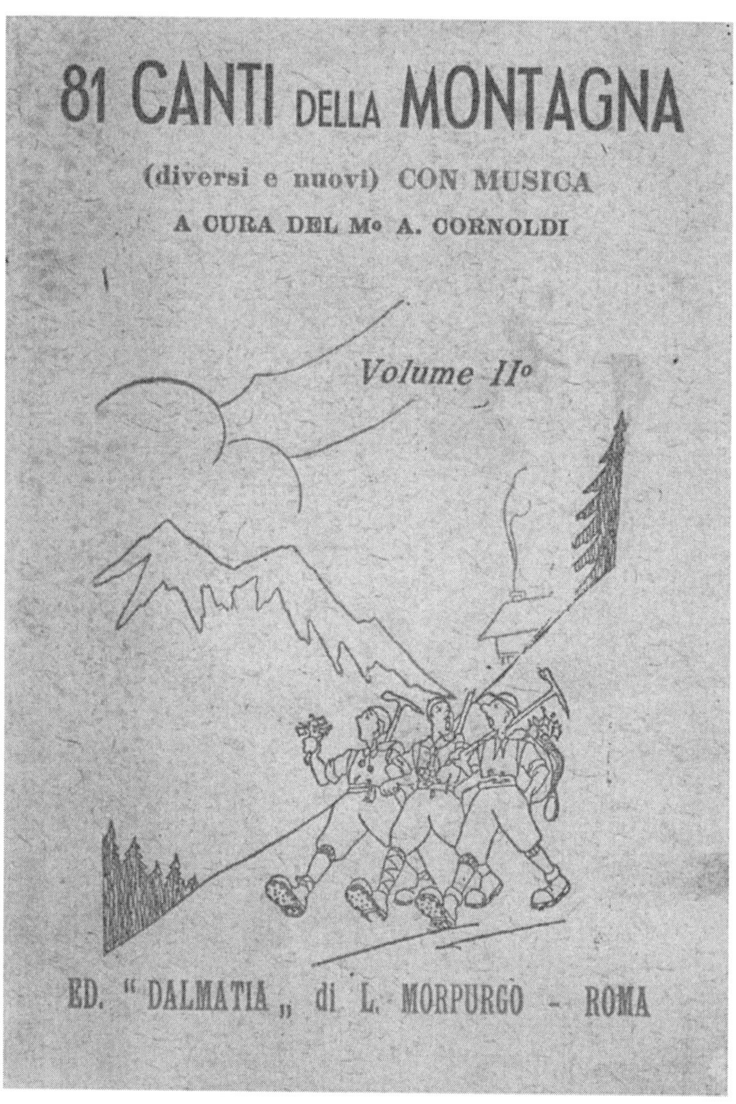

Erste Veröffentlichung von „Bella ciao" in einem Liederbuch von 1954.

„Bella ciao“ in der Nachkriegszeit

Was die schriftliche Verbreitung von „Bella ciao“ betrifft, so hat es eine Weile gedauert, bis das Lied in den Liederbüchern präsent war. In den ersten Liederbüchern der Nachkriegszeit fehlt es noch. Das erste Mal, dass sowohl der Text als auch die Noten schriftlich publiziert wurden, war im Jahr 1954, und zwar im Liederbuch „81 canti della montagna“ (81 Lieder aus den Bergen), herausgegeben von Antonio Cornoldi in der „Edizione Dalmatia“ aus Rom.[59] Dort ist der Text abgedruckt, den wir heute alle kennen. Es folgten weitere Liederbücher, die „Bella ciao“ aufnahmen, meistens herausgegeben von linken Kulturvereinen, Partisanenverbänden oder auch der Jugendorganisation der Sozialistischen Partei.

Es folgten erste Schallplattenaufnahmen: 1963 erschien bei Combo Records die Single „Canti della Resistenza“: Der „Coro Stella Alpina“ sang „Fischia il vento“ und „Bella ciao“. Bereits 1962 veröffentlichte „I Dischi del Sole“ die EP „Canti della resistenza italiana“. Darauf befanden sich folgende Partisanenlieder:

„Pietà l'è morta", „Il Bersagliere ha cento penne", „Cosa rimiri mio bel partigiano", „Dalle belle città" („Siamo i ribelli della montagna") und „Là su quei monti".

„Bella ciao" war noch nicht dabei. Erst ein Jahr später, 1963 folgte, ebenfalls bei „I Dischi del Sole“, die EP „Canti della resistenza italiana 2“: Giovanna Daffini und Vittorio Carpi präsentierten „"La Brigata Garibaldi", und „Il Nuovo Canzoniere Italiano" spielte „E quei briganti neri", „Bella ciao" und „La Badoglieide". Als letztes Stück kam „Fischia il vento" von „La Banda d'Affori“.

Am 19. Oktober 1963 war „Bella ciao“ sogar im italienischen Fernsehen zu sehen. Die RAI (Radio Televisione Italiana) hatte seit kurzem eine Kultur- und Musiksendung im Programm namens „Canzoniere minimo" [minimales Liederbuch“]. Einer der Moderatoren war der Sänger und Kabarettist Giorgio Gaber (1939 - 2003) aus Mailand. Das Ziel der Sendung war, dem italienischen Publikum kritische, nonkonformistische Lieder zu präsentieren. Giorgio Gaber war hier zugleich Moderator und Sänger. Er sang zusammen mit Maria Monti und Margot (Margherita Galante Garrone) zum ersten Mal „Bella ciao“ im Rahmen dieser Sendung, wobei die Programmleitung massiven Druck auf die Interpreten ausgeübt hatte, die letzte Strophe nicht zu singen.[60]

Aber erst die Aufführung des Programms „Bella ciao“ beim Festival von Spoleto im Jahre 1964 (und die Veröffentlichung des Programms als Schallplatte) sorgte für den Durchbruch. Erst von da an wurde „Bella ciao" nach und nach zum bekanntesten Partisanenlied Italiens. Ab Mitte der Sechzigerjahre ersetzte es bei den offiziellen Feierlichkeiten zum 25. April „Fischia il vento". Cesare Bermani schreibt, dass der Partisanenverband ANPI (Associazione Nazionale Partigiani d'Italia = Nationaler Partisanenverband Italiens) zu dieser Zeit die ehemaligen Partisanen aufgefordert hatte, bei den Umzügen zum 25. April 1965 nicht „Fischia il vento", sondern „Bella ciao" zu singen, weil es, anders als ersteres Lied nicht einer bestimmten ideologischen oder politischen Richtung zugeordnet werden konnte und daher für mehr Menschen anschlussfähig war. Es ging darum, das Erbe der Partisanenbewegung als Fundament der italienischen Verfassung festzuschreiben und eine antifaschistische Mehrheit im Rahmen einer Mitte-Links-Regierung zu begründen. Dazu eignete sich „Bella ciao" vom Text her wesentlich besser als ein Lied wie „Fischia il vento", in dem es ausdrücklich um die Schaffung des „roten Frühlings", also um eine andere Gesellschaftsordnung als die bestehende ging.[61] Bei „Bella ciao" ging es auch klar um den ausländischen Invasor, den Deutschen.

Das heißt aber nicht, dass „Bella ciao" das politisch „harmlosere" Lied war, keineswegs. Auch die radikaleren linken Kräfte, die das Mitte-Links-Bündnis kritisch sahen, die eher den Klassenkampfcharakter des Partisanenkampfs betonten, sangen es.

Bei Demonstrationen in den Sechziger- und Siebzigerjahren wurden weiterhin beide Lieder gesungen. Die Studentenbewegung von 1968 und auch die sozialen Bewegungen der Siebzigerjahre hielten musikalisch die Erinnerung an den Partisanenkampf wach und sangen beide Lieder.

„Bella ciao" wurde vielfach gecovert. Fast jeder „cantautore", jede Sängerin, die sich auf das Repertoire des politischen Liedes und/oder des Volkslieds beriefen, nahm „Bella ciao" auf Platte auf oder brachte es auf die Bühne, von Giorgio Gaber bis Milva. Milva (Maria Ilva Biolcati, 1939–2021) war hauptsächlich mit der Reisfeld-Version bekannt geworden und damit auch im Fernsehen aufgetreten. Bei ihren Konzerten spielte sie manchmal auch beide Versionen.

Sie fügte der Version von Vasco Scansani eine weitere Strophe hinzu, und zwar vor der letzten Strophe.

Ed ogni ora che qui passiamo
o bella ciao bella ciao bella ciao ciao ciao
ed ogni ora che qui passiamo
noi perdiam la gioventù.

Und jede Stunde, die wir hier sind
O bella ciao bella ciao bella ciao ciao ciao
Und jede Stunde, die wir hier sind
Verlieren wir unsere Jugendzeit

Aber zurück zur Partisanenversion: Das Lied gehörte nun zum allgemeinen Kulturgut und wurde 1976 sogar auf dem Kongress der Christdemokratischen Partei gespielt, auf Initiative ihres Sekretärs Benigno Zaccagnini, der selbst Partisan gewesen war. Zahlreiche italienische Gewerkschafter; Journalisten und Politiker, und nicht nur von der Kommunistischen Partei, wünschten sich zu ihrer Beerdigung „Bella ciao" als musikalische Begleitung. Unter anderem der Generalsekretär der Kommunistischen Partei, Enrico Berlinguer, aber auch die Theatermacherin Franca Rame und ihr Ehemann, der Nobelpreisträger Dario Fo. Das Lied wurde zur Hymne der Erinnerung an die Resistenza.

Doch auch außerhalb Italiens diente „Bella ciao" als „Beerdigungslied": Als Jovanka Broz, die Witwe des Partisanenführers und jugoslawischen Staatspräsidenten Josip Broz Tito im Oktober 2013 mit 89 Jahren starb, wurde auf ihren Wunsch bei ihrer Beerdigung „Bella ciao" gespielt.[62]

BELLA, CIAO

(Partigiana)

Una mattina mi son svegliato
Bella, ciao, ciao, ciao.
Una mattina mi sono svegliato
e ho trovato l'invasor...
Oh! Partigiano, portami via
Bella, ciao, etc....
Oh! Partigiano, portami via
chè mi sento morir.
Se io muoio da Partigiano
Tu mi devi seppellir.
Mi seppellirai lassù in montagna
sotto l'ombra d'un bel fior...

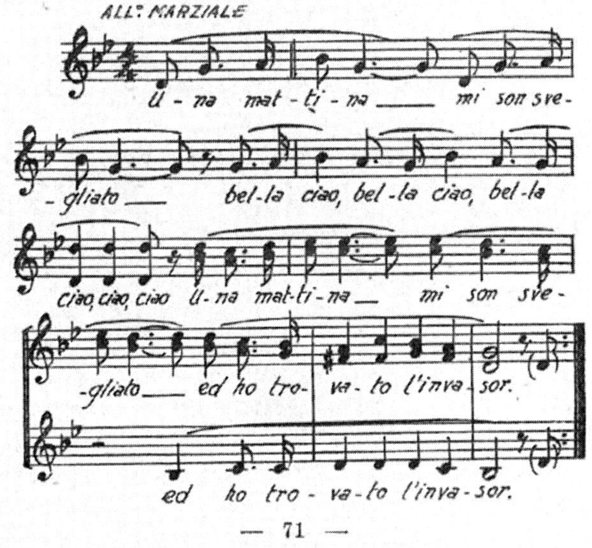

— 71 —

Aus: 81 canti della montagna.

Wurzeln im Klezmer?

Eine andere Spur führt zur Klezmermusik. Ein italienischer Ingenieur namens Fausto Giovannardi kaufte im Juni 2006 bei einer Urlaubsreise in Paris in einem kleinen Plattenladen im Quartier Latin eine CD: „Klezmer - Yiddish swing music“ war der Titel. Zurück in Italien hörte er sie an und ihm fiel besonders ein Stück auf, bei dem er die Melodie mitsingen konnte: „Koilen (3'.30) - Mishka Ziganoff 1919“. Dieses Stück war ursprünglich in New York als Schellackplatte veröffentlicht worden. Die ersten Klänge stimmen mit den Beginn von „Bella ciao“ überein: „Una mattina mi son svegliato. Oh Bella ciao …“ Doch dann geht die Melodie in eine ganz andere Richtung und kehrt auch nicht wieder zur uns bekannten Melodie zurück. Doch Fausto Giovannardi war sich sicher, eine bahnbrechende Entdeckung gemacht zu haben und wandte sich an die Tageszeitung „La Repubblica“, die am 12. April 2008 einen Artikel von Jenner Meletti veröffentlichte: „Da ballata yiddish a inno partigiano. Il lungo viaggio di Bella ciao“, auf Deutsch: “Von der jiddischen Ballade zur Partisanenhymne. Die lange Reise von Bella ciao“. Darin wird Giovannardis Entdeckung als wegweisend für die Entdeckung der „wahren“ Ursprünge von „Bella ciao“ bezeichnet.[63]

Wer war nun dieser Mishka Ziganoff, der als Autor aufgeführt wird? 1889 in Odessa in einer Roma-Familie geboren, begann er Akkordeon zu spielen. Außer Russisch sprach Ziganoff auch fließend Jiddisch. Anfang des 20. Jahrhunderts emigrierte er in die USA und eröffnete in New York ein Restaurant. Dort spielte er in verschiedenen Klezmer-Gruppen mit. 1919 nahm er das Instrumentalstück „Koilen“ (Kohlen) auf. Ziganoff starb 1967 in New York.

Auch der Musiker Morris Goldstein nahm 1922 eine gesungene Version desselben Themas auf mit dem Titel „Dus Zekele Koilen“ (Das Kohlensäckchen). Auch ein anderes Klezmerstück trägt den Anfang der Melodie von „Bella ciao“ in sich: Di Zilberne Khasene (=Die silberne Hochzeit).[64]

Sowohl Giovannardi als auch der Journalist Meletti waren sich sicher, die Ursprünge von „Bella ciao“ aufgedeckt zu haben. Demnach hätte ein italienischer Emigrant das Stück aus New York zurück nach Italien gebracht und daraus sei dann die Partisanenhymne entstanden. Das ist natürlich gut möglich, aber Belege gibt es dafür keine. Einige Blogger reagierten skeptisch auf den Artikel in „La Repubblica“.[65] Könnte es nicht reiner Zufall sein, dass die ersten Töne der beiden

Melodien übereinstimmen, wie es auch in vielen anderen Musikgenres z.B. dem Blues oder dem Jazz vorkommt? Melodien ähneln oder wiederholen sich auch ohne direkte Nachahmung. Es könnte sich aber einfach um eines der vielen Mosaikstücke handeln, die letztendlich zu unserem Partisanensong führen. Oder um einen der vielen Wollknäuel.

Es gibt aber noch einen weiteren unaufgelösten Wollknäuel: Der Arbeiter Aurelio Terranova aus Triest war während des Zweiten Weltkriegs als freiwilliger Arbeiter in Österreich und Deutschland und hörte 1944 sowohl im österreichischen Villach als auch in Weimar ein Lied, das mit den Worten „Biela, biela" (weiß, weiß) begann und von osteuropäischen Zwangsarbeiterinnen gesungen wurde. Es hatte dieselbe Melodie wie „Bella ciao". Es wurde von ukrainischen Frauen gesungen, die in Kantinen von Betrieben arbeiteten, in denen Zwangsarbeiter eingesetzt wurden. Außerdem sangen es auch deutsche Frauen, die in Zwangsarbeiterunterkünften arbeiteten, und sie sangen es mit einem deutschen Text. Näheres konnte Terranova leider nicht angeben, sodass die Spur nicht weiter verfolgt werden kann.[66]

Die Verbreitung außerhalb Italiens

In Italien war „Bella ciao" also sehr bekannt. Doch es verbreitete sich auch über die Grenzen Italiens hinaus. Bei den ersten „Weltfestspielen der Jugend und Studenten", auch als „Weltjugendfestspiele" bekannt, die im Spätsommer 1947 in Prag stattfanden, haben ehemalige Partisanen und junge Kommunisten aus der Emilia-Romagna „Bella ciao" gesungen. Das Lied kam bei den 17.000 Teilnehmern aus immerhin 71 Ländern sehr gut an. Besonders populär war dabei das Händeklatschen beim Refrain, wodurch sich dieser bei den Festivalbesuchern besonders gut einprägte.[67] Delegationen aus Deutschland suchte man bei diesem Festival allerdings vergebens: es waren keine eingeladen und es gab ja auch noch keine deutschen Staaten, sondern verschiedene Besatzungszonen. Auf einer Weltjugendkonferenz 1945 in London hatten Delegierte aus 63 Ländern den Weltbund der Demokratischen Jugend (WBDJ) gegründet. Ziel dieses Bundes war das Engagement für Frieden und gegen Faschismus. Dieser Bund hatte dann die Idee, die Festspiele der Weltjugend zu organisieren.[68]

Bei den Festspielen 1949 in Budapest war schon eine Delegation der neugegründeten FDJ anwesend, und wieder wurde „Bella ciao" gesungen, und wieder waren junge Kommunisten aus der Emilia dabei.[69] Auch beim Treffen des italienisch-französischen Jugendbundes 1950 in Nizza sangen die Teilnehmer „Bella ciao".[70]

1951 fanden die Festspiele der Weltjugend vom 5. bis 19. August in Berlin (DDR) statt. Die DDR war offizieller Ausrichter der Spiele, Präsident des Weltbundes und einer der Festredner war übrigens Enrico Berlinguer, der spätere Generalsekretär der italienischen Kommunistischen Partei. Wieder war „Bella ciao" ein sehr populäres Lied, das inzwischen nicht nur von italienischen Gästen gesungen wurde. Ein italienischer Teilnehmer berichtet von einer polnischen Version.[71] Auch aus der BRD waren Delegationen gekommen, vorwiegend aus der im gleichen Jahr verbotenen West-FDJ, sofern sie nicht an der Ausreise aus der BRD gehindert wurden.

Die italienische Delegation war mit einem Sonderzug am Berliner Ostbahnhof eingetroffen.

Das „Neue Deutschland" schreibt:

> „Eine Überraschung die starke Delegation der italienischen Jugend. In der ersten Reihe schwenkt der Arbeiter Emo Ercoli aus Venetia, der als Partisan gegen Mussolini kämpfte, temperamentvoll eine

> rote Fahne. […] ‚Bandiera rossa' klingt auf. Die Weltjugend singt das Lied von der roten Fahne, die siegen wird, mit."[72]

Es gab zwei sogenannte „Nationalprogramme Italien", eines mit der Theatergruppe „Teatro di massa di Bologna", „Volkslieder und Tänze enthält das zweite Programm".[73] Auch weitere internationale Kulturprogramme fanden unter Beteiligung italienischer Musikgruppen statt. Und es gab auch die inoffiziellen Begegnungen. Abends nach den offiziellen Veranstaltungen sangen die Jugendlichen aus aller Welt auf Berlins Plätzen spontan ihre Lieder. Die Zeitung „Junge Welt", Organ des Zentralrats der FDJ, der „Freien Deutschen Jugend", berichtet vom Eröffnungstag der Festspiele:

> „Ein paar Schritte weiter singen junge Franzosen und Italiener Partisanenlieder, entstanden im gemeinsamen Kampf gegen den Faschismus."[74]

Ein paar Tage später bringt die „Junge Welt" ein Bild eines italienischen Frauenchors, der leider namentlich nicht genannt wird, und schreibt dazu:

> „Volkslieder und Lieder, die die Partisanen sangen, als sie in den Bergen Italiens um die Befreiung von den Faschisten kämpften, trägt dieser Chor italienischer Mädchen vor."[75]

„Bella ciao" wird hier nicht direkt erwähnt, es ist aber gut möglich, dass dieses Lied zumindest bei inoffiziellen Festen gesungen wurde, wie die vier italienischen Zeitzeugen erzählt haben.

1953 erscheint in der italienischen Tageszeitung „L'Unità", der Zeitung der Kommunistischen Partei, ein Korrespondentenbericht aus Nordkorea, in dem der Journalist Riccardo Longone beschreibt, wie ein junges Mädchen namens Cen Cia ihm „Bella ciao" vorsingt.[76] Sie weiß nur, dass es ein italienisches Lied ist, kennt aber die Bedeutung des Textes nicht. Junge chinesische Freiwillige haben es ihr beigebracht, so erzählt Cen Cia dem italienischen Korrespondenten. Und da es ihre „chinesischen Brüder" gesungen haben, muss es ein „gutes" Lied sein. Wie die Chinesen an „Bella ciao" gekommen sind, wird im Artikel nicht aufgeklärt. Es gibt aber nur eine logische Erklärung: Die Chinesen müssen an einem der Festivals der Weltjugend teilgenommen haben. Da die Volksrepublik China im Jahr 1949 gegründet wur-

Volkslieder und Lieder, die die Partisanen sangen, als sie in den Bergen Italiens um die Befreiung von den Faschisten kämpften, trägt dieser Chor italienischer Mädchen vor

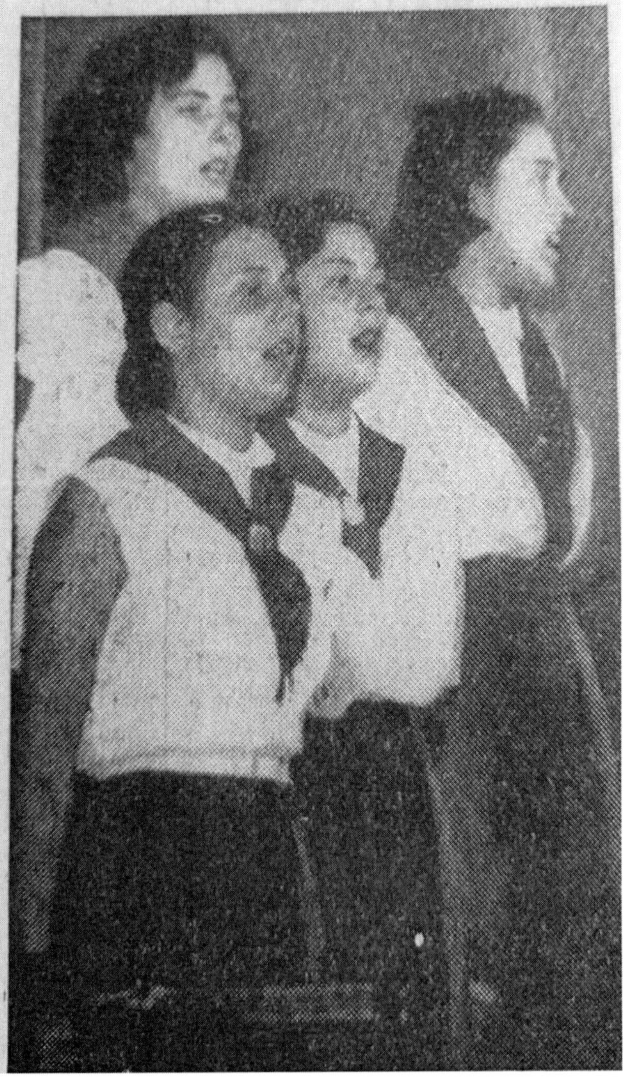

de, ist es wahrscheinlich, dass es sich um die Festspiele 1951 in Berlin gehandelt hat. Dort waren tatsächlich Delegationen chinesischer Jugendlicher anwesend.

Und einige Jahre später tauchte ‚Bella ciao' in Kuba auf. Die „Milicias Nacionales Revolucionarias" sangen es ab 1959 in einer spanischen Version:

Esta mañana, me he levantado
¡Oh bella ciao! ¡Bella ciao! ¡Bella, ciao, ciao, ciao!
Esta mañana me he levantado
y he descubierto al invasor

Heute morgen bin ich aufgestanden
O bella ciao, bella ciao, bella ciao, ciao, ciao
Heute morgen bin ich aufgestanden
Und habe den Feind entdeckt

Oh partigiano, me voy contigo
¡Oh bella ciao! ¡Bella ciao! ¡Bella, ciao, ciao, ciao!
Partigiano me voy contigo
porque me siento aquí morir

O partigiano, ich gehe mit dir
O bella ciao, bella ciao, bella ciao, ciao, ciao
O partigiano, ich gehe mit dir
Denn ich fühle, dass ich hier sterbe

Y si yo caigo, en la guerrilla
¡Oh bella ciao! ¡Bella ciao! ¡Bella, ciao, ciao, ciao!
Si yo caigo en la guerrilla,
te dejaré mi fusil

Und wenn ich falle, in der Guerilla
Oh bella ciao, bella ciao, bella ciao, ciao, ciao
Und wenn ich falle, in der Guerilla
Überlasse ich dir mein Gewehr

Cava una fosa, en la montaña
¡Oh bella ciao! ¡Bella ciao! ¡Bella ciao!
Cava una fosa en la montaña,
a la sombra de una flor

Hebe ein Grab aus, in den Bergen
O bella ciao, bella ciao, bella ciao, ciao, ciao
Hebe ein Grab aus, in den Bergen
Im Schatten einer Blume

Así la gente, cuando la vea
¡Oh bella ciao! ¡Bella ciao! ¡Bella, ciao, ciao, ciao!
Así la gente, cuando la vea,
gritará ¡REVOLUCIÓN!

So werden die Leute, wenn sie sie sehen
Oh bella ciao, bella ciao, bella ciao, ciao, ciao
So werden die Leute, wenn sie sie sehen
Laut rufen REVOLUTION!

Esta es la historia de un guerrillero
¡Oh bella ciao! ¡Bella ciao! ¡Bella, ciao, ciao, ciao!
Es la historia de un guerrillero,
muerto por la libertad

Dies ist die Geschichte eines Guerilleros
O bella ciao, bella ciao, bella ciao, ciao, ciao
Dies ist die Geschichte eines Guerilleros
Der für die Freiheit gestorben ist

Wie das Lied nach Kuba gekommen ist, ist nicht vollständig geklärt. Es gibt kubanische Quellen, die behaupten, es sei über den Umweg des Spanischen Bürgerkriegs (1936–1939) nach Kuba gelangt. Italienische Kämpfer der Internationalen Brigaden hätten das Lied nach Spanien gebracht und exilierte spanische Republikaner, die nach Francos Sieg ins Exil nach Kuba gingen, hätten es später dort verbreitet.[77] Diese Hypothese ist nicht bewiesen. Es gibt z.B. keine Quellen, die von der Existenz von ‚Bella ciao' im Spanischen Bürgerkrieg berichten. Ein Blick in einige Liederbücher aus dem Spanischen Bürgerkrieg zeigt, dass bei den Internationalen Brigaden auch mehrere italienische Lieder gesungen wurden: „Bandiera rossa", „La guardia rossa", „Inno del Primo Maggio" oder „Brigata Garibaldi, avanti".[78] Von „Bella ciao" aber keine Spur.

Es ist nicht gesichert, dass das Lied 1936 in Italien schon existiert hat. Salvadoris Version stammt von 1943. Natürlich könnte ‚La risaia' oder einer der Vorläufer in der italienischen Volksmusik durch italienische Kämpfer nach Spanien gelangt sein. Mehr als eine vage Möglichkeit ist das aber nicht. Das Lied könnte ebenso gut erst im Laufe der 1950er nach Kuba gekommen sein, vielleicht auch über die Weltfestspiele der Jugend und Studenten.

„Bella ciao" wurde aber auch durch Besuche italienischer Delegationen in anderen Ländern oder umgekehrt weiterverbreitet. So schenkte im Dezember 1966 der damalige Generalsekretär der KPI,

Enrico Berlinguer, bei dem Besuch einer Delegation der italienischen Kommunistischen Partei in Hanoi dem nordvietnamesischen Präsidenten Ho Chi Minh eine Schallplatte mit den Liedern der Aufführung von Spoleto. Cesare Bermani berichtet von einer Reise von Mitgliedern der italienischen Sozialistischen Partei, darunter Bermanis Vater Alessandro Bermani, in die Sowjetunion, und wie begeistert die Gastgeber auf das Lied „Bella ciao" reagierten, das die italienische Delegation dort sang.[79]

Ivo Livi alias Yves Montand

Giovanni Livi hatte genug. Im November 1921 wurde er zunächst von einem faschistischen Schlägertrupp zusammengeschlagen. Kurze Zeit darauf hatten sie ihm seine Werkstatt angezündet. Der Landarbeiter hatte sich gerade als Besenbinder selbständig gemacht. Der ehemalige Sozialist war zur Zielscheibe der Faschisten geworden, weil er in seinem Dorf Monsummano Alto in der Provinz Pistoia, Toskana, eine Ortsgruppe der neugegründeten Kommunistischen Partei aufgebaut hatte. Besonders pikant an der Sache war, dass sein eigener Schwager Luigi Simone die örtlichen Faschisten anführte.

Nachdem Benito Mussolini im Oktober 1922 an die Macht gelangt war, wurde Giovanni Livi ins Lokal der Faschisten von Monsummano, der *Casa del fascio*, vorgeladen. Ihm wurde mitgeteilt, dass man tüchtige Männer wie ihn gebrauchen könne, und man sei auch bereit, ihm seine Werkstatt wiederaufzubauen. „Was muss ich dafür tun?", fragt Giovanni. „Es reicht schon, wenn du die Schwarzhemden abends auf ihren Umzügen begleitest".[80] Das kam für Livi nicht infrage. Der Beschluss war schnell gefasst: Auswanderung in die USA, die Familie sollte später nachkommen. Im Januar 1924 verlässt Giovanni Livi heimlich und mitten in der Nacht seinen Heimatort und verabschiedet sich von seiner Familie: seiner Ehefrau Giuseppina, den Kindern Lidia, 9 Jahre, Giulio, 6 Jahre, und dem kleinen Ivo, gerade mal 2 Jahre alt. Ivo wurde am 13. Oktober 1921 geboren, kurz vor dem ersten Überfall der Faschisten auf seinen Vater.

Giovanni lässt sich von einem *passeur* über die Grenze nach Frankreich bringen. Anfang Februar 1924 kommt er in Marseille an. Doch dort folgt die Ernüchterung: Auf dem US-Konsulat erfährt er, dass die Einwanderungsbestimmungen gerade verschärft worden waren und derzeit keine Italiener mehr in die USA einreisen durften. Glücklicherweise wohnt eine Tante in Marseille, bei der er vorerst unterkommt. Ihr Mann verschafft Giovanni Arbeit in einer Ölmühle und so kann er schon im Mai 1924 seine Familie nachkommen lassen.

Der kleine Ivo wächst im Hafenviertel von Marseille auf, muss als Zwölfjähriger die Schule verlassen, um seine Familie finanziell zu unterstützen. Er fälscht sein Geburtsdatum, um in einer Fabrik eingestellt zu werden und trägt nun zum Familieneinkommen bei. Seine Schwester Lidia, die sich nun französisch Lydia nennt, hat in ihrem Haus einen Friseursalon eröffnet und stellt Ivo als Lehrling ein. Dieser hat inzwischen das Kino und die Chansons für sich entdeckt und als 17jähriger hat er die Gelegenheit, auf einer kleinen Amateurbühne aufzutreten. Es fehlt nur noch ein Künstlername. Er findet ihn in einem Ausruf seiner Mutter, mit dem sie ihn in seiner Kindheit zum Essen hereingerufen hatte, und zwar in einem italienisch verfremdeten Französisch: „Ivo, montaaaa!", „Ivo, komm rauf!" Daraus wurde also Yves Montand. Der Rest ist Geschichte.

Montand konnte sich während der deutschen Besatzung mehrmals knapp der Einberufung zum Arbeitsdienst entziehen, schließlich versteckte er sich bei Freunden in Paris. Nach dem Krieg startete seine Karriere, zunächst als Sänger, dann aber hauptsächlich als Schauspieler. Aber Montand kehrte immer wieder mit seinen Chansons auf die Bühne zurück. Er war nicht unbedingt ein politischer Sänger, fühlte sich aber der Linken und ausdrücklich der Kommunistischen Partei Frankreichs zugehörig – zumindest bis zum Jahre 1968, als er aus Protest gegen die Niederschlagung des Prager Frühlings durch sowjetische Panzer aus der Kommunistischen Partei austrat. Das Erbe seines Vaters war ihm aber wichtig, dessen Erzählungen von der Verfolgung durch die Faschisten haben ihn geprägt. So nimmt Yves Montand 1955 den „Chant des partisans" auf, das bekannteste Lied der französischen Résistance. So verwundert es nicht, dass er auch das Lied der italienischen Partisanen singt, auch als Hommage an seinen Vater. 1962 erscheint „Bella ciao" als Schallplatte, interpretiert von Yves Montand. Er sang zum ersten Mal auf Italienisch, der Sprache seiner Eltern, und zwar mit einem leichten französischen Akzent, und trug damit wesentlich dazu bei, das Lied in Frankreich populär zu machen. Am 6. Juni 1964 tritt Montand damit im französischen Fernsehen auf. Interessant ist, dass er in dieser Version die letzte Strophe („È questo il fiore del partigiano, morto per la libertà") weglässt.

Yves Montand machte das Lied nicht nur in ganz Frankreich bekannt, sondern auch in angrenzenden Ländern wie Belgien und über die vielen politischen und Arbeitsemigranten aus Spanien auch in diesem Nachbarland. Und natürlich wurde der Erfolg des Liedes in Frankreich auch in Italien selbst wahrgenommen und machte das Lied in seinem Heimatland zusätzlich populär.

Plattencover von Yves Montands Version von „Bella ciao" von 1962.

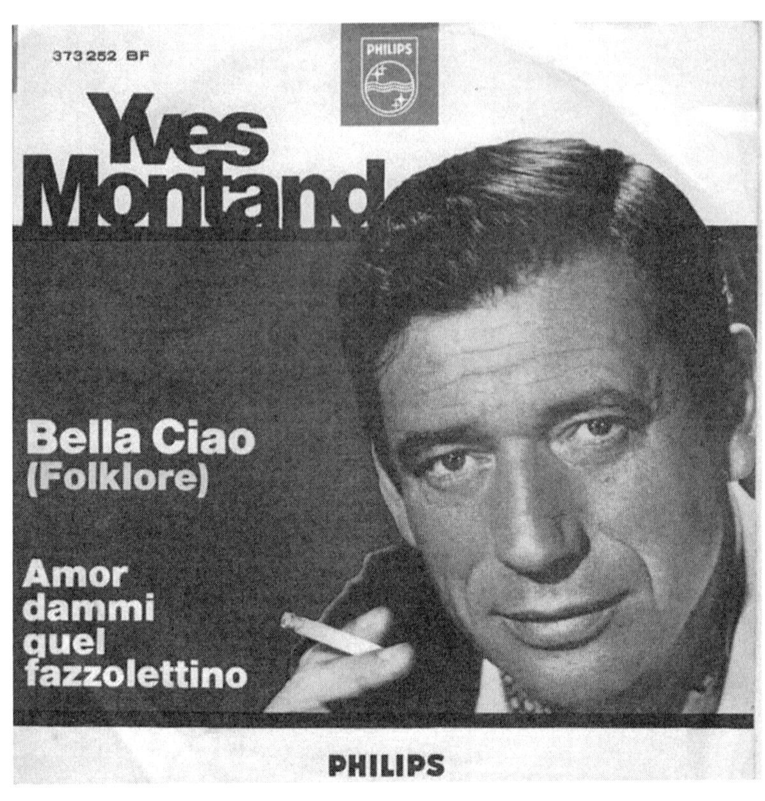
373 252 BF
PHILIPS
Yves Montand
Bella Ciao
(Folklore)
Amor
dammi
quel
fazzolettino
PHILIPS

Ein deutscher Text

„Bella ciao“ war jetzt also ein internationales Lied. Und es dauerte nicht lange, da entstand eine deutschsprachige Version. Es war Horst Berner (1923–1993), der den deutschen Text schrieb. Der Titel lautete: „Eines Morgens in aller Frühe – Italienisches Partisanenlied.“ Horst Berner war als Verwundeter aus dem Zweiten Weltkrieg zurückgekommen und unterrichtete 30 Jahre lang als Musikdozent am Institut für Lehrerbildung in Quedlinburg, schrieb Theaterkritiken für die Halberstädter Tageszeitung „Die Volksstimme“ und komponierte und schrieb Texte für ca. 400 Lieder. Er gab Liederbücher heraus, war Pianist und trat auch im Fernsehen auf.[81]

Der genaue Zeitpunkt, wann der deutsche Text entstand, ist nicht bekannt. 1958 wurde die deutsche Version im Liederbuch der Thälmann-Pioniere zum ersten Mal veröffentlicht: „Seid bereit! Liederbuch der Thälmann-Pioniere“.[82]

Eines Morgens in aller Frühe (Italienisches Partisanenlied)

Eines Morgens in aller Frühe
Bella ciao, bella ciao, bella ciao, ciao, ciao
Eines Morgens in aller Frühe
trafen wir auf unseren Feind.

Partisanen, kommt nehmt mich mit euch,
Bella ciao, bella ciao, bella ciao, ciao, ciao
Partisanen, kommt nehmt mich mit euch,
denn ich fühl, der Tod ist nah.

Wenn ich sterbe, o ihr Genossen,
Bella ciao, bella ciao, bella ciao, ciao, ciao
Wenn ich sterbe, o ihr Genossen,
bringt mich dann zur letzten Ruh'.

In den Schatten der kleinen Blume,
Bella ciao, bella ciao, bella ciao, ciao, ciao
einer kleinen, ganz zarten Blume,
in die Berge bringt mich dann.

Und die Leute, die gehn vorüber,
Bella ciao, bella ciao, bella ciao, ciao, ciao
Und die Leute, die gehn vorüber,
sehn die kleine Blume stehn.

Diese Blume, so sagen alle,
Bella ciao, bella ciao, bella ciao, ciao, ciao
ist die Blume des Partisanen,
der für unsere Freiheit starb.

Das Lied wurde in zahlreiche andere Liederbücher übernommen und war auch in Schulbüchern in der DDR präsent.[83]

In einem Gastbeitrag für die italienische Zeitschrift „Il nuovo canzoniere italiano" im August 1966 mit dem Titel „Canti proletari italiani in Germania" („Italienische proletarische Lieder in Deutschland") stellt der Musikwissenschaftler Herbert Kleye vier ursprünglich italienische Lieder vor, die mit einem deutschen Text in Deutschland bekannt wurden, teilweise schon in der Weimarer Republik. Darin geht es z.B. um „Bandiera Rossa" und „Bella ciao". Dort schreibt Kleye Folgendes:

> „Nach 1945 wurde in der DDR dieses Lied italienischer Arbeiter bekannt, dessen Text mit den Worten beginnt: ‚Eines morgens in aller Frühe', der besonders von den Pionieren gesungen wird: Es gibt kein Lagerfeuer der Pioniere, an dem es nicht gesungen wird. Oft sprechen danach alte Arbeiterkämpfer über ihre Kämpfe, und über das Leben und die Kämpfe der italienischen Arbeiter; so wird das Lied zu einem Versprechen, für eine bessere Zukunft zu kämpfen."[84]

„Bella ciao" wurde aber nicht nur bei den Jungen Pionieren gesungen, sondern auch in anderen Kreisen, z.B. unter Studenten und im Umfeld der FDJ. Eine Rolle bei der Verbreitung dieses Liedes in der DDR spielte die „Hootenanny-Bewegung", deren Ursprünge auf Anfang der 1960er Jahre zurückgingen. Der kanadische Musiker Perry Friedman, der von 1959 bis 1971 in der DDR lebte und an der Musikhochschule „Hanns Eisler" in Berlin studierte, hatte sogenannte „Hootenanny-Veranstaltungen" initiiert, in Anlehnung an musikalische Treffen, wie sie in den USA und Kanada, auch im Umfeld des Folksängers Pete Seeger stattfanden. Es waren lockere Zusammentreffen

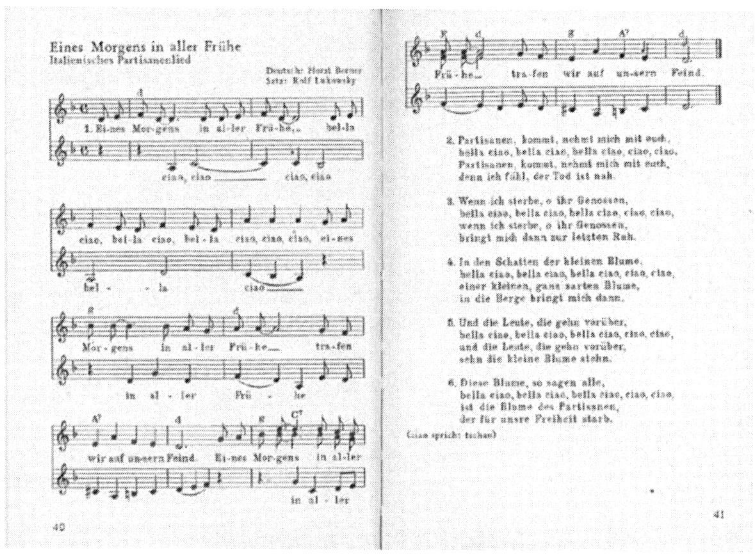

Aus: Seid bereit! Liederbuch der Thälmann-Pioniere.

vorwiegend im universitären Milieu, ohne nähere Planung, auf denen Lieder gesungen und auch neue Lieder bekannt gemacht wurden.[85] Der Anklang war enorm, denn diese Abende schienen eine gute Alternative zu den Parteiveranstaltungen mit dem Absingen der bekannten Kampflieder zu sein.

> „Zur Gitarre gesungen wurden Folksongs von Pete Seeger und Bob Dylan, deutsche Volkslieder, aber auch selbstgeschriebene Lieder."[86]

Das Radioprogramm „DT64" gab dieser Bewegung eine eigene Sendung und trug so zur Popularität bei. In mehreren Städten der DDR entstanden „Hootenanny-Klubs". Diese spontanen Treffen wurden von der FDJ-Leitung zunächst unterstützt. Es wurde allerdings der englische Name beanstandet. So mussten sich die Klubs in „Oktoberklub" umbenennen. Es war zugleich auch der Versuch, die „Hootenanny-Bewegung" unter die Kontrolle der FDJ zu bekommen.[87] So entstand die „Singebewegung" unter dem Dach der FDJ. Der bekannteste Singe-Klub war der „Oktoberklub Berlin", der auch auf vielen Konzerten und Festivals auftrat und Schallplatten herausbrachte. Mitglieder des Berliner Oktoberklubs waren neben Studenten auch

Liedermacher:innen wie Bettina Wegner, Kurt Demmler und Reinhold Andert. Zeitweise gab es in der DDR bis zu 2.500 Singeklubs[88], andere Quellen sprechen gar von 4.000[89]. Der Kulturwissenschaftler Lutz Kirchenwitz, der selbst Mitglied des Berliner Oktoberklubs war, hat folgende Einschätzung:

> „Die Hootenanny-Bewegung war weder oppositionell noch inoffiziell. Aber es war keineswegs eine verordnete Kampagne, sondern eine Sache, die relativ spontan entstanden war, kollektiv betrieben wurde und ein für DDR-Verhältnisse ungewöhnliches Maß an Lockerheit aufwies."[90]

Der Oktoberklub Berlin nahm „Bella ciao" in sein Repertoire auf und nahm es 1967 in sein „Octav-Heft" (Liederheft zum Pfingsttreffen der FDJ in Karl-Marx-Stadt) auf.[91] Er spielte es bei vielen Bühnenauftritten.

Das Festival des Politischen Liedes

Aus dem Umfeld des Berliner Oktoberklubs heraus wurde das Festival des Politischen Liedes gegründet, das ab 1970 jährlich im Februar in Berlin stattfand. Ursprünglich war es eine Feier zum Jahrestag des Oktoberklubs gewesen, die dann institutionalisiert wurde. Musiker und Musikgruppen aus rund 30 Ländern kamen zusammen und boten mehrere Tage lange ihr Repertoire dar, u.a. in der Volksbühne, dem Berliner Ensemble und dem Palast der Republik. Es traten auch internationale Musikgrößen auf wie Pete Seeger, Miriam Makeba, Mercedes Sosa oder Mikis Theodorakis.

Auch italienische Gruppen waren eingeladen. Beim 1. Festival 1970 trat die Gruppe „Il Contemporaneo" auf, eine politische Folkgruppe aus Modena, 1967 gegründet, die traditionelle und moderne Lieder spielte. Sie war es auch, die „Bella ciao" in Berlin auf die Bühne brachte. 1971 zum 2. Festival kam sie nach Berlin zurück.[92] Die anderen Lieder handelten von der Emigration, dem Vietnamkrieg und den Kämpfen in der Fabrik. „Il Contemporaneo" nahm 1971 auch eine Schallplatte auf, allerdings in Westberlin. Das Label „Pläne", das auf politische Lieder spezialisiert war, veröffentlichte sie unter dem Titel „Zeitgenossen – Il Contemporaneo". Neben dem Song „Comandante Che Guevara" ist hier auch eine sehr schöne Version von „Bella ciao" zu hören.[93]

Eine weitere italienische Gruppe ist „Il Canzoniere delle Lame" aus Bologna, die ihren Namen aus dem Stadtteil Lame bezog. Janna Carioli und Gianfranco Ginestri hatten die Gruppe 1967 gegründet und bezogen sich ausdrücklich auf die Erfahrung des „Nuovo Canzoniere Italiano". Wie diese zogen sie über die Dörfer der Provinz Bologna und nahmen Lieder aus dem Bereich des „Canto sociale" auf. Ihre erste Aktivität war die Publikation eines Liederbuches: „Il canzoniere ribelle dell'Emilia Romagna" (Das Rebellenliederbuch der Emilia-Romagna), das am 1. Mai 1967 erschien.[94] Die Gruppe trat bei politischen Demonstrationen und bei Streiks und bei vielen Festen der kommunistischen Tageszeitung „L'Unità" auf.

„Il Canzoniere delle Lame" wurde im Februar 1972 zum 3. Festival des Politischen Liedes eingeladen und spielte vorwiegend aktuelle politische Lieder, auch aus eigener Feder. Aber die Gruppe hatte auch „Bella ciao" im Repertoire. Anschließend unternahm sie eine einwöchige Tournee durch die DDR, zusammen mit dem kubanischen Sänger und Liedermacher Silvio Rodríguez.[95]

Die X. Weltfestspiele der Jugend und Studenten

1973 fanden in Berlin die X. Weltfestspiele der Jugend und Studenten statt. Vom 29. Juli bis 5. August kamen junge Leute aus aller Welt nach Berlin. Auf einer großen Demonstration zogen Zehntausende durch die Straßen zum „Stadion der Weltjugend". Das „Neue Deutschland" schreibt:

> „Italiens ‚Bella ciao' singen alle mit
> Italienische Mädchen und Jungen – zum Rhythmus von ‚Bella ciao' einmarschierend – kämpfen zu Hause aktiv gegen die für sie bitteren Folgen der imperialistischen Krise."[96]

Auch die „Junge Welt" schreibt über die italienischen Delegationen:

> „Da sangen sie alle mit, bei diesem mitreißenden ‚Bella ciao', das unsere italienischen Freunde während des gestrigen Freundschaftstreffens im Klub der DDR am Alex anstimmten."[97]

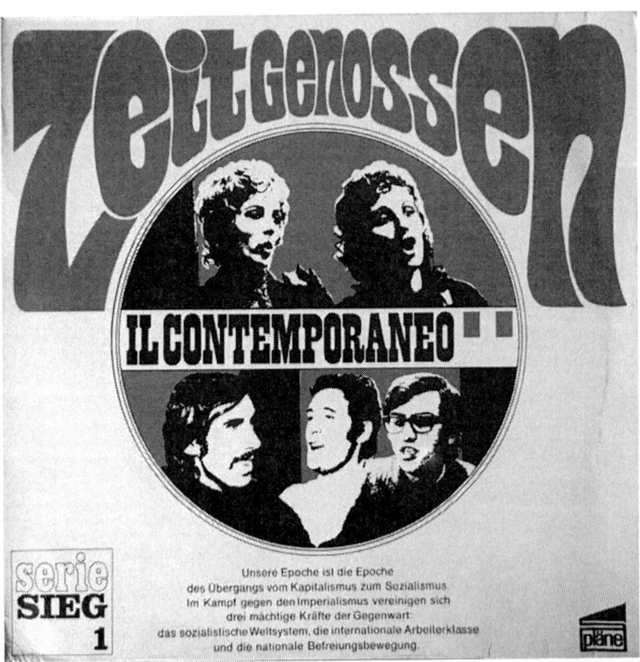

Plattencover von „Il Contemporaneo" beim Label "pläne" 1971.

Während der Weltfestspiele gab es das Musikfestival »Politische Lieder zu den X. Weltfestspielen«, kurz PLX genannt. Das „Festival des Politischen Liedes" wurde also vom Februar auf den August verlegt. Dort trat „Il Canzoniere delle Lame" wieder auf und spielte mehrere Konzerte. Zum Beispiel am 1. August im Berliner Ensemble, offiziell vorgestellt von niemand Geringerem als dem italienischen Avantgarde-Komponisten Luigi Nono, der allerdings etwas schockiert war über die wenig festliche Kleidung und das allzu lockere Auftreten der italienischen Band, die er offenbar vorstellen musste, ohne sie zu kennen. Ihr Auftritt war nach der chilenischen Gruppe Inti-Illimani und vor Miriam Makeba.[98]

Und am 4. August ging es in die Staatsoper. „Das Galaprogramm der italienischen Festivaldelegation atmet die Atmosphäre eines improvisierten Volksfestes", schrieb das „Neue Deutschland"[99]. „Il Canzoniere delle Lame" spielte aber auch auf der Freilichtbühne am Alexanderplatz. Einen Auszug aus ihrem Konzert gibt es in einem Dokumentarfilm der DEFA. Die Sängerin Janna Carioli trat in ihrem inzwischen berühmten weißen T-Shirt mit dem Porträt von Antonio Gramsci auf, dem Begründer der italienischen Kommunistischen Partei.

Viele Musikgruppen, die beim „Festival des Politischen Liedes" auftraten, gaben aber auch an anderen Orten in der Stadt Konzerte:

> „Viele dieser Gruppen sind in den vergangenen Tagen nicht nur beim Liedfestival aufgetreten, sondern auch bei Freundschaftstreffen, auf dem Alex und anderswo. Zu ihnen gehören die ‚Pesnjari' aus der Sowjetunion und ‚Il contemporaneo', eine sympathische Gruppe aus Italien, die den Klassenkampf mit ihren Liedern auf der Straße führt."[100]

Insgesamt traten mehr als hundert Musikgruppen und Solisten aus 45 Ländern beim Festival auf.

Nach jedem „Festival des Politischen Liedes" wurde eine Schallplatte herausgebracht, die eine Auswahl aus den vielen Konzerten darstellte. Auf dem Plattenlabel „Eterna" erschien z.B.: „Politische Lieder – Originalaufnahmen von den Tagen des Politischen Liedes zu den X. Weltfestspielen". Darauf findet sich, neben der Klaus Renft-Kombo und dem westdeutschen Liedermacher Dieter Süverkrüp, die Gruppe „Il Contemporaneo" mit ihrer Version von „Bella ciao".

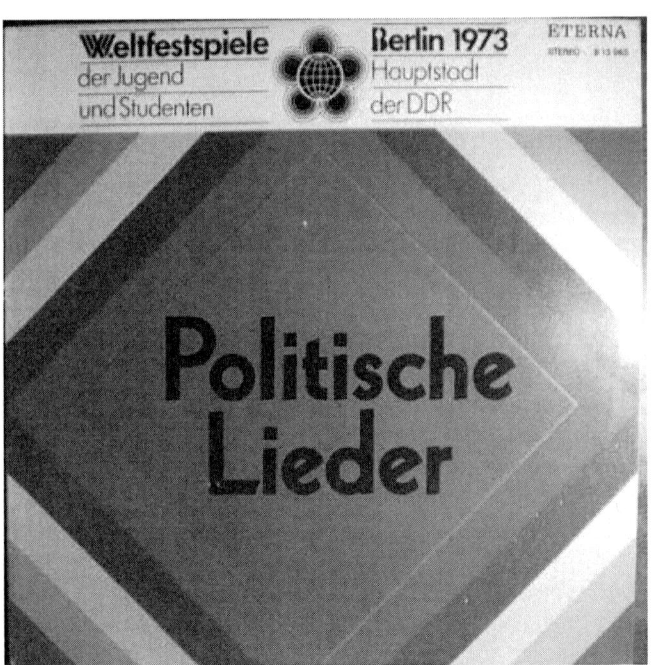

Plattencover von „Politische Lieder“, einem Ausschnitt aus den Konzerten beim Festival von 1973.

Burg Waldeck 1964–1969

Am 15. Mai 1964 trafen sich im Westen Deutschlands junge Sängerinnen und Sänger, um über die Pfingsttage ein Festival zu gestalten: „Chanson Folklore International – Junge Europäer singen" war der Titel. Die Burgruine Waldeck im Hunsrück, in der Nähe des Ortes Dorweiler gelegen, war in der Weimarer Republik ein Treffpunkt der Wandervogel-Bewegung gewesen. Nun sollte von dort ein neuer Impuls für die junge Musiker- und Sängerszene ausgehen, die man im Umfeld von Folk, Liedermacher und Protestsong verorten konnte. In der Begrüßungsrede sagte Diethart Kerbs, einer der Organisatoren:

> „Wir fanden, dass eine bestimmte Art von Musik, für die wir eine ganz besondere Vorliebe haben, in Deutschland längst noch nicht genug beachtet und gepflegt wird. Wir meinen das Chanson, das Lied, den Bänkel-Song, die unverkitschte Volksmusik. Wir haben uns gefragt, warum wir in unseren Breiten keinen Georges Brassens oder Yves Montand, keinen Pete Seeger und keine Joan Baez haben. Wir möchten gerne herausfinden, welche Möglichkeiten das Chanson bei uns hat oder haben könnte."[101]

Die Organisatoren und Förderer des Festivals, darunter Sänger wie Peter Rohland oder die Zwillinge Hein und Oss Kröher aus Pirmasens, konnten und wollten nach 1945 nicht mehr ungebrochen an die deutsche Volksliedtradition anknüpfen, war diese doch von den Nationalsozialisten instrumentalisiert worden. Sowohl aus politischen als auch aus ästhetischen Gründen waren viele Lieder für die jüngere Generation nicht mehr akzeptabel. Auch der Mief der Männergesangvereine wurde abgelehnt. Die deutschen Schlager der Nachkriegsära waren dazu erst recht keine Alternative.

Franz Josef Degenhardt, von Anfang an auf der Burg Waldeck präsent, formulierte diese Haltung in einem Lied:

„Wo sind eure Lieder –
Eure alten Lieder?"
Fragen die aus andern Ländern
Wenn man um Kamine sitzt
Mattgetanzt und leergesprochen
Und das High-Life-Spiel ausschwitzt!

Ja, wo sind die Lieder –
Uns're alten Lieder?
Nicht für'n Heller oder Batzen
Mag Feinsliebchen barfuß zieh'n
Und kein schriller Schrei nach Norden
Will aus einer Kehle flieh'n!

Tot sind uns're Lieder –
Uns're alten Lieder!
Lehrer haben sie zerbissen
Kurzbehoste sie verklampft –
Braune Horden totgeschrien
Stiefel in den Dreck gestampft!

Tot sind uns're Lieder –
Uns're alten Lieder!"

(aus der LP: „Wenn der Senator erzählt", Polydor 1968)

Die neuen Lieder der jungen Generation waren gesellschaftskritisch. Einige Sängerinnen wie Fasia Jansen aus Hamburg waren schon in der Ostermarsch-Bewegung aktiv gewesen. Die traditionellen Lieder kamen aus dem Fundus des demokratischen Volkslieds, z.B. aus der 1848er Revolution oder dem Vormärz. Peter Rohland bediente sich u.a. aus der Sammlung von Wolfgang Steinitz: „Deutsche Volkslieder demokratischen Charakters aus sechs Jahrhunderten"[102]. Ihre ersten Auftritte hatten auf der Burg Waldeck Sänger wie Walter Mossmann, Hannes Wader oder Reinhard Mey und der Kabarettist Hanns Dieter Hüsch.

Von Anfang an präsent war auch der US-amerikanische und der englische Protestsong, repräsentiert durch Hedy West, Odetta, Phil Ochs, John Pearse und Colin Wilkie & Shirley Hart, um nur einige zu nennen. Aber auch aus dem skandinavischen und dem südeuropäischen Raum kamen Musikerinnen und Musiker. 1966 war aus Italien der Sänger Fausto Amodei zu Gast, den wir schon aus dem „Nuovo Canzoniere Italiano" und dem Festival von Spoleto kennen. Er sang keine traditionellen Lieder, sondern aktuelle Stücke aus eigener Feder. Ein Augenzeuge schildert ihn so (in Anspielung auf einige Artikel in der konservativen Presse, für die die Burg Waldeck ein Hort von Gammlern, Nihilisten, Atheisten und Kommunisten war):

> „Der einzig erkennbare Kommunist, der wirklich auf dem Festival zugegen war, hieß Fausto Amodei und stammte aus Italien, ein Mann mit bartumrandetem Holzgesicht und Brille, der mit wahrem Primusfleiß bei sämtlichen Konzerten Tonbandproben mitschnitt und zukünftig in Italien ein ähnliches Sängertreffen wie das auf der Waldeck aufzuziehen gedenkt. Am Sonntag sang er überraschend auf der Bühne mit schwindelerregender Zungenfertigkeit ein paar recht witzige Satiren auf die Lebens- und Gesellschaftsformen seines Landes – ein Beweis, dass der Kommunismus jenseits der Alpen, wenn man ihn dort überhaupt so nennen will, jedenfalls humorbegabter, weitherziger und geistig elastischer ist als auf deutschem Boden."[103]

Und der Sänger Walter Mossmann (1941–2015) erinnerte sich später an ihn:

> „Fausto Amodei war 6 Jahre älter als ich, Gitarrensänger, von Beruf etwas Anständiges, nämlich Architekt bzw. Architekt nur der Ausbildung nach, denn er übte einen ganz anderen Beruf aus: er war Abgeordneter der links-sozialistischen PSIUP, ein klampfender Volksvertreter. Sein Image auf der Waldeck – etwas bizarr. Ein komischer Kauz, ein kauziger Ethno-Musikologe aus dem Piemont, der mit knarrender Stimme bizarre Lieder sang wie etwa „Wiegenlied des Kapitals", „Der Holzwurm", „Der Zensor", und auch einige Brassens-Lieder auf Italienisch. Was wir nicht wussten: Er war in Italien durchaus berühmt, bzw. eines seiner Lieder war sehr berühmt, es wurde bei jeder größeren linken Demo gesungen „Per i morti di Reggio Emilia". Fausto Amodei hatte es 1960 geschrieben, nachdem die Polizei in Reggio Emilia fünf kommunistische Demonstranten erschossen hatte. Damals hielt sich die Regierung Tambroni nur mit Unterstützung der Neofaschisten (MSI) an der Macht, und in der Linken ging die Furcht vor einem Staatsstreich um. Dagegen die großen Demonstrationen in Genua und Rom, aber eben auch in Reggio Emilia. Schlussendlich musste die Regierung Tambroni resignieren. Aber das Lied blieb."[104]

Mossmann erzählte auch, dass Amodei auf die Waldeck gekommen war, um Musiker für ein Internationales Folkfestival in Turin einzuladen, das im September 1966 stattfinden sollte. Walter Mossmann folgte der Einladung nach Turin. Zusammen mit Fasia Jansen trat er beim „Folk Festival 2“ in Turin auf, neben italienischen Musikerinnen wie Giovanna Marini.[105]

Und Fausto Amodei kehrte 1967 zur Burg Waldeck zurück. Vom 24. bis 28. Mai fand das Festival unter dem Motto „Das engagierte Lied“ statt. Amodei kam aber nicht allein: Er brachte Giovanna Daffini aus Gualtieri mit. Die Veranstalter wollten jemanden vom „Nuovo canzoniere italiano“ dabei haben. Ursprünglich sollte der italienische Sänger Ivan della Mea kommen, doch er besaß keinen Reisepass und konnte daher nicht ausreisen. Giovanna Daffini erfuhr bei einer Demonstration in Rom von der Möglichkeit, in Deutschland aufzutreten, fuhr kurzerhand zu Hause in Gualtieri vorbei, schnappte sich ihren Reisepass und machte sich auf den Weg nach Deutschland: mit dem Nachtzug nach Frankfurt am Main, weiter nach Koblenz und dann noch mit dem Bus. Und das ohne ein Wort Deutsch zu sprechen. Sie verständigte sich mit Gesten. Später erzählte sie Michele Straniero von ihrem Abenteuer:

> „Sie lassen mich als Letzte singen, am Samstag. […] diese Leute da auf dem Gras, wie Nattern haben sie sich ausgestreckt, um sich zu sonnen. Alles im Freien, aber Verstärker, dass, auch wenn jemand eine Lusche ist, er da trotzdem gut ist. Und tatsächlich, ich fange an zu singen: ein großer Erfolg! Ich sang *Sciur padrun*, *Bella ciao*, und da fingen sie an in die Hände zu klatschen, sie suchten nach den Schallplatten, *Festa d'aprile*, ich habe Verschiedenes gespielt …“ Also, auch damit hatte ich großen Erfolg. Als ich fertig bin, gehe ich runter, da steht der Leiter, ständiger Beifall; und er sagt: Bravo, Giovanna. Du erste Frau, morgen als Erste singen! Und also: am Sonntag lassen sie mich allein eine Stunde am Stück singen; ganz allein von 12 bis halb zwei, in einem anderen Bereich, alle fragten mich, wo ich singen würde. […] Gut, auch da hatte ich Erfolg, als ich fertig war, fragen sie mich wieder, wo ich singe, ich musste weitere drei Lieder singen. Ich habe gesagt: jetzt da, wo die große Bühne ist: um wie viel Uhr? Ich habe gesagt: gegen fünf. Tatsächlich sind um fünf alle Leute da und warten auf mich. Als ich reingehe, sehe ich, wie sie mich oben ankündigen, ein langer Applaus! Ich singe drei Lieder, gehe runter, nichts; *nein nein*, Zugabe, Zugabe! Von niemanden sonst haben sie eine Zugabe verlangt: dann stand da Carlo Repetto, er sagt: Sieh mal, das schmeichelt mir sehr, denn Fausto Amodei, der gut Französisch und Englisch sprach, hatte nicht diesen Schub, den du hattest.“[106]

Giovanna Daffini sang auch „Per la strada gridavan gli scioperanti“, das schon in Spoleto zur Aufführung kam, und „Addio, morettino“. Von „Bella ciao“ sang sie nicht die Version der Reisarbeiterinnen, sondern die Partisanenversion.

Das Music-Label „Bear Records“ aus Hambergen bei Bremen veröffentlichte 2008 eine Sammlung von 10 CDs mit Auszügen aus den fünf Festivals und einem Begleitbuch von Michael Kleff.[107]

2005 erschien beim Label „Conträr Musik“ aus Schwarzenbek bei Hamburg eine Doppel-CD mit bisher unveröffentlichtem Material vom Burg Waldeck-Festival 1967[108]. Dort findet sich Giovanna Daffinis Version von „Bella ciao“, die bei „Bear Records“ fehlt.

Hannes Waders „Arbeiterlieder“

Auf der Burg Waldeck trat 1966 zum ersten Mal ein bisher unbekannter Sänger aus Westberlin auf: Hannes Wader. Er hatte erst vier eigene Stücke im Repertoire. Mit seinem Stück „Die Blumen des Armen“ riss er das Publikum zu Begeisterungsstürmen hin.[109] Von da an kam er jedes Jahr zum Festival auf der Waldeck. Also wird er 1967 auch Giovanna Daffini gehört haben, wie sie „Bella ciao“ sang. Das Lied verbreitete sich von der Burg Waldeck aus in der Bundesrepublik. Das Festival „Chanson Folklore International“ fand 1969 zum letzten Mal statt. Dafür etablierten sich andere Folkfestivals, die die musikalische Tradition der Burg Waldeck fortführten, z.B. ab 1972 das Festival in Ingelheim bei Mainz, das es unter dem Namen „Eurofolkfestival Ingelheim“ heute noch gibt.

Konkrete Belege, wer „Bella ciao“ wann weiterverbreitet hat, auf welchem Festival oder bei welchen Konzerten in der Bundesrepublik es gesungen wurde, lassen sich zunächst keine finden. Es sollte gut 10 Jahre dauern, bis die Verbreitung in der Bundesrepublik einen kräftigen Schub bekam. Hannes Wader, der spätestens seit Anfang der 1970er und seinem Album „7 Lieder“ einer der bekanntesten deutschen Liedermacher war, veröffentlichte 1977 ein Album, das viele seiner Fans eher verwunderte. Wader, der freche, anarchische Lieder wie den „Tankerkönig“, die „Arschkriecher-Ballade“ oder eine deutsche Version des Bluessongs „Cocaine“ geschrieben hatte, sang plötzlich Arbeiterlieder. Wader hatte bereits 1975 sein Album „Volkssänger“ veröffentlicht, in dem er im Rahmen des Folkrevivals bekannte deutsche Volkslieder, unter anderem Ferdinand Freiligraths „Trotz alledem“ aus der 1848er Revolution, neu vertonte. Nun war er 1976 der DKP (Deutsche Kommunistische Partei) beigetreten und hatte einen Auftritt auf dem Pressefest des Parteiorgans UZ (Unsere Zeit): Im Juli 1977 sang Hannes Wader in Recklinghausen und ließ sein Konzert für eine Live-LP mitschneiden.[110] Neben klassischen deutschen Arbeiterliedern wie „Dem Morgenrot entgegen“ und „Auf auf zum Kampf“ sang Wader das „Solidaritätslied“ und das „Einheitsfrontlied“ von Bertolt Brecht und Hanns Eisler, die „Internationale“ und eben „Bella ciao“. Die Platte verkaufte sich gut und bescherte Hannes Wader ein neues Publikum. Dadurch wurde „Bella ciao“ in Westen Deutschlands noch einmal breiter bekannt gemacht. Hannes Wader sang „Bella ciao“ bei all seinen Konzerten im deutschsprachigen Raum und trat u.a. auch bei mehreren „Festivals des Politischen Liedes“ in Berlin auf.

Ab dem Jahr 2000 trat Hannes Wader zusammen mit dem Liedermacher Konstantin Wecker aus München auf. Fester Bestandteil ihres Repertoires war auch „Bella ciao", und zwar zweisprachig. Abwechselnd sangen beide jeweils eine Strophe auf Italienisch (Konstantin Wecker) und Deutsch (Hannes Wader). Nachzuhören ist dies z.B. auf der Konzert-DVD „Wader Wecker Vaterland" des Filmemachers Rudi Gaul.[111]

Ein neuer Text

Es gibt aber noch einen zweiten deutschen Text neben dem von Horst Berner. Er stammt von Diether Dehm, in den 1970er Jahren unter dem Künstlernamen „Lerryn“ selbst als Liedermacher aufgetreten, war er danach Musikmanager und Autor zahlreicher Lieder für andere Musikerinnen und Musiker. Er hatte „Bella ciao“ 1967 als 17jähriger bei den Falken in Hessen zum ersten Mal gehört. Die „Sozialistische Jugend – Die Falken“ steht seit ihrer Gründung im Jahr 1945 der SPD nahe, war aber nie deren offizielle Jugendorganisation. Später war Dehm Manager des schwäbischen Folk-Duos „Zupfgeigenhansel“, für das er einen neuen deutschen Text von „Bella ciao“ schrieb:

An ihrer Schulter, da wird es hell schon
O bella ciao, bella ciao bella ciao ciao ciao
Es war so warm hier, an ihrem Arm hier
Da draußen werd ich bald schon friern.

Kann nicht gut schießen und krieg schnell Angst auch
O bella ciao, bella ciao bella ciao ciao ciao
Soll ich ein Held sein, dem das gefällt? Nein!
Verfluchter Krieg, verfluchter Feind.

Sah Blut an Hütten, sah Frauen bitten
O bella ciao, bella ciao bella ciao ciao ciao
Den kleinen Luca, der vierzehn Jahr war
ich hab zu lang nur zugesehn.

Ihr in den Bergen, heut komm ich zu Euch
O bella ciao, bella ciao bella ciao ciao ciao
Was kein Kommando und kein Befehl kann
ich werd heute Partisan

Wenn ich am Dorfplatz mal tot herumlieg
O bella ciao, bella ciao bella ciao ciao ciao
Dann sag der Priester statt langer Predigt:
Nie mehr Faschismus, nie mehr Krieg

Nur noch den Kuss hier – kommt einer nach mir
O bella ciao, bella ciao bella ciao ciao ciao

Dem wünsch ich Zeiten, wo man so eine
Wie Dich nicht mehr verlassen muß.

Was hat Diether Dehm dazu bewogen, einen neuen deutschen Text zu schreiben?

> „Die schlechte Übersetzung, ohne die Kernfrage angesprochen zu haben, die den Antifaschismus mit dem Liebesverhältnis verbindet. In Italien ist dies Volksgut. In Deutschland muss es extra erklärt werden. Deswegen war eine wirkliche Geschichte in dem deutschen Lied nötig, keine reine heroische Proklamation."[112]

Eine Rolle spielte sicherlich, dass der Text von Berner für die westdeutsche antiautoritäre Linke der 1970er Jahre nicht unproblematisch war. Der Heldentod wurde in einem antimilitaristischen und auch pazifistischen Umfeld eher kritisch gesehen. Zudem hatte die Frauenbewegung dazu beigetragen, die klassischen männlichen und weiblichen Rollen zu hinterfragen. Horst Berners Text repräsentierte zudem den orthodoxen Kommunismus, der von den antiautoritären, aus der Studentenbewegung hervorgegangenen Strömungen der Neuen Linken mehrheitlich abgelehnt wurde.

Dazu kam ein weiterer Punkt: Die Deutschen waren in Italien die Besatzer gewesen, und sich einfach die Perspektive der italienischen Resistenza anzueignen, stellte einen weiteren Stolperstein dar. Diether Dehm äußerte gegenüber dem Turiner Musiker und Autor Carlo Pestelli, „Bella ciao" einfach so aus dem Original zu übernehmen, das sei wie „Gewichtheben mit fremden Muskeln"[113].

Zupfgeigenhansel veröffentlichte diese neue Version 1982 auf ihrer LP „Miteinander". Das Duo spielte es bei vielen Konzerten und machte so diese Version bekannt: Auf zahllosen Konzerten in der BRD, in Österreich und der Schweiz, aber auch in der DDR. Zupfgeigenhansel trat auch auf den Festivals des Politischen Liedes 1984 und 1985 in Berlin auf und spielte dort auch die neue Version. Beim Publikum kam das gut an.

Erich Schmeckenbecher, der bei Zupfgeigenhansel u.a. Mandoline spielte, sagt dazu:

> „Ein Schluss, der ohne Heldentod auskommt, lag uns damals viel näher. […] Den Text von Berner fanden wir mit ein wenig zu viel ‚Partisanenidylle' aufgeladen."[114]

Was übrigens kaum bekannt ist: Dem Folksänger Pete Seeger gefiel die zweite deutsche Version von „Bella ciao" gut und er übersetzte sie ins Englische, wo sie vom US-amerikanischen Pop-Duo „Diadem" interpretiert wurde; eine Version übrigens, über die man durchaus geteilter Meinung sein kann.

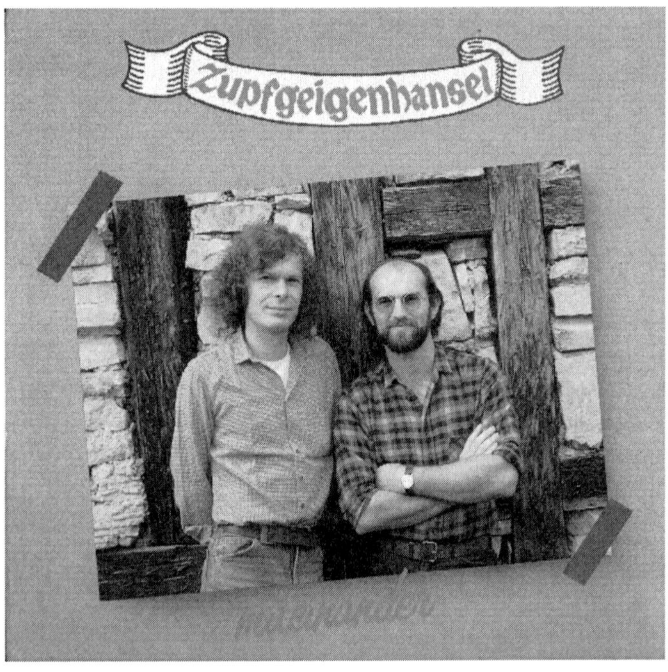

Plattencover von Zupfgeigenhansel: „miteinander". Musikant 1982.

Diether Dehm hat aber noch mehr gemacht, als nur einen neuen Text zu schreiben. 1993 erschien sein Roman „Bella ciao"[115], der im Ossola-Tal in der Nähe des Lago Maggiore, im Grenzgebiet zur Schweiz, zum Tessin spielt. Das Ossotal-Tal oder Val d'Ossola war kurzzeitig eines der befreiten Partisanengebiete gewesen, in denen sich Partisanen und Bewohner selbstverwaltet hatten. Hier ist es die Figur des Renzo, Poet und später Partisanenkommandant, der diese alternative Textversion aufschreibt. Der Erzähler begegnet Renzo Ende der 60er Jahre, als dieser schon Rentner ist:

> „Renzo neben einer Siebzigjährigen, die ich an den zurückliegenden gemeinsamen Abenden noch nie getroffen hatte. Sie musste einmal sehr schön gewesen sein, hatte noch immer eine schlanke Figur und schwarzes Haar, vielleicht ein wenig nachgetönt. Sie begann plötzlich das berühmte Lied zu singen, mit etwas anderem Text, als er mir von Falken-Lagerfeuern und der FDJ im Gedächtnis war. ‚Ich kenne einen anderen Text', versuchte ich mit einem Mix aus Händen, Latein und Englisch kundzutun. ‚Es gibt tausend Texte davon', sagte die Frau lachend, ‚aber das ist des Maestros liebste Version.' Sie deutete auf den weißhaarigen Alten, der ihr im Spaß mit einer Ohrfeige drohte und dann mit gespieltem Gleichmut ertrug, wie sie es zusammen sangen."[116]

Dehms Roman schildert den Partisanenkampf im Ossola-Tal, und der Autor erfindet die Figur des Renzo, der sich den Partisanen anschließt, während sein Kindheits- und Jugendfreund Attila Faschist wird. Aus Renzo wird Comandante Renzo, der während der Kämpfe den (neuen) Text zu „Bella ciao" schreibt.

Kultusministerium versus „Bella ciao“

Nicht alle fanden Gefallen an einem Lied wie „Bella ciao“. Eine kleine Meldung zeigt, wie sehr der Antikommunismus bis in die 1980er Jahre hinein die Politik in der BRD im Griff hatte. Antifaschismus galt schlechthin als Synonym für Kommunismus.

Der Stuttgarter Ernst Klett-Verlag, der viele Lehrbücher für den Schulunterricht verlegt, hatte 1980 das Lehrbuch „Banjo“[117] für den Musikunterricht für Haupt- und Realschulen herausgebracht, aber das Kultusministerium des Landes Baden-Württemberg unter Kultusminister Roman Herzog, dem späteren Bundespräsidenten, weigerte sich, ihm den offiziellen Segen zu geben und es im Musikunterricht einzusetzen. Der Klett-Verlag musste es zurückziehen und überarbeiten.

Was war geschehen?

Das Kultusministerium bemängelte, „dass die Basis des Liedgutes zu schmal sei und die Auswahl nicht toleriert werden könne“[118]. Unter anderem enthielt dieses Buch zwei Lieder, die auf dem Index landeten: „Die Moorsoldaten“ und „Bella ciao“. Laut Kultusministerium handelte es sich bei ersterem um „ein antifaschistisches Pflichtlied der DDR“[119], das in einem bundesrepublikanischen Lehrbuch nichts zu suchen habe. Auch „Bella ciao“ wurde ausdrücklich namentlich beanstandet. Das Kultusministerium der SPD-geführten Landesregierung von Nordrhein-Westfalen weigerte sich zunächst ebenfalls, das Lehrbuch „Banjo“ zuzulassen, und es bedurfte einiger persönlicher Kontakte und Gespräche, um die Verantwortlichen umzustimmen.

Baden-Württemberg war bis 1978 vom CDU-Politiker Hans Filbinger als Ministerpräsident regiert worden. Dieser musste zurücktreten, nachdem der Publizist Rolf Hochhuth ihn im Februar 1978 in einem Vorabdruck seiner Erzählung „Eine Liebe in Deutschland“ in der Wochenzeitung „Die Zeit“ als „furchtbaren Juristen“[120] entlarvt hatte. Hochhuth hatte herausgefunden, dass Filbinger bis zum Ende der Naziherrschaft als Marinerichter gearbeitet und mehrere Todesurteile gegen Wehrmachtsdeserteure gefällt hatte. Filbiger bestritt zunächst die Todesurteile, sagte dann aber als Kommentar dazu: „Was damals rechtens war, kann heute nicht Unrecht sein“.[121] Dieser reaktionäre Geist war in Baden-Württembergs Landesregierung noch bis in die 1980er Jahre hinein stark zu spüren.

Gegen Berlusconi

Der 25. April 1994 war ein besonderer Tag. Es jährte sich zum 49. Mal der Tag der Befreiung von der Besetzung Italiens durch die Wehrmacht und von der faschistischen Herrschaft. Und kurz zuvor, am 28. März, hatte Silvio Berlusconi mit seiner Partei „Forza Italia" die Wahlen gewonnen und danach in einer Koalition mit der faschistischen Partei „Alleanza Nazionale" die Regierung gebildet. Im Gedenken an die Partisanen und aus Protest gegen eine rechte Regierung, an der zum ersten Mal seit 1960 die Faschisten beteiligt waren, riefen mehrere linke Organisationen und Parteien, aber auch Gewerkschaften zu einer Großdemonstration in Mailand auf. Ca. eine Million Menschen demonstrierten im strömenden Regen.

Der Schriftsteller, Lyriker und Künstler Nanni Balestrini (1935–2019) hat dieser Demonstration ein literarisches Denkmal gesetzt. In seinem Prosatext „Una mattina ci siam svegliati" schildert er den Ablauf der Demonstration in seiner bekannten Cut-Up-Technik, ganz ohne Satzzeichen, indem er die Berichterstattung des Radiosenders „Radio Popolare" aus Mailand literarisch verarbeitet. Schon der Titel des Buches weist auf das Lied „Bella ciao" hin, die erste Zeile wird nur in den Plural gesetzt und kann auch als kollektiver Aufschrei gegen die neue Regierung interpretiert werden: Eines Morgens sind wir aufgewacht … und trafen auf Berlusconi.

In vielen Stimmen – Radiomoderatoren, mobile Reporter, Demonstrationsteilnehmer aus ganz Italien kommen zu Wort – wird die Demonstration von Anfang bis Ende und in allen Facetten geschildert.

> „Ein 25. April, schnell und abgehackt erzählt wie ein Rap, von halb zehn Uhr vormittags bis viertel nach sieben abends, als auf der Piazza del Duomo das Fest zu Ende ist", schreibt die Journalistin Silvia Barigazzi in der Tageszeitung „Il manifesto".[122]

Jüngere Menschen erklären ihre Beweggründe, warum sie nach Mailand zur Demonstration gekommen sind. Einige Ältere waren selbst Partisanen gewesen oder kannten Partisanen. Alle sehen eine rechte Regierung im klaren Widerspruch zu den antifaschistischen Werten der Resistenza.

Eine Szene aus dem V. Kapitel möchte ich hier zitieren:

„hier ist Popolare Network 12 Uhr und 18 Minuten er hat sich etwas beruhigt der Zustrom der Verbindungen die aus den Bahnhöfen Mailands und aus den anderen italienischen Städten kommt in denen die Feiern zum 25. April stattfinden neben mir steht Bruno aus Bologna wie findest du Mailand heute morgen ich bin heute morgen durch Mailand gekommen ich komme von der Porta Ticinese und was die Sache mit den Fähnchen in den Straßenbahnen angeht so muss ich sagen dass in der 74 keine waren und ich glaube fast alle Bars hatten zu aber in der Metro ist irgendwann jemand eingestiegen der Bella ciao vor sich her pfiff und von Pfeifen zu Pfeifen haben alle die drinnen waren die Melodie aufgegriffen und die ganze Metro fing an, Bella ciao zu pfeifen."[123]

Ähnliche Momente sind Jahre bzw. Jahrzehnte später im Internet zu finden, z.B. am 25. April 2016, wieder in der Mailänder U-Bahn, als jemand anfängt „Bella ciao" zu singen, und alle stimmen ein, dieses Mal aus Protest gegen den damaligen Innenminister der rechtspopulistischen „Lega", Matteo Salvini.

Das Revival der Partisanenlieder

Eine Folge von Berlusconis Regierungsantritt und die Regierungsbeteiligung der Faschisten war ein um sich greifender Geschichtsrevisionismus aus dem rechten Lager. Zum einen wurde versucht, die Partisanenbewegung zu diskreditieren, indem die Partisanen als Mörder bezeichnet und ihnen Verbrechen und willkürliche Erschießungen vorgeworfen wurden. Dies ging zum anderen mit dem Versuch einher, die faschistische Diktatur zu verharmlosen und moralisch zu rehabilitieren. Partisanen und Faschisten sollten auf eine Stufe gestellt und die Unterschiede nivelliert werden.[124]
Dagegen regte sich Widerstand, u.a. auch von Seiten junger Musikerinnen und Musiker, die die alten Partisanenlieder wieder neu entdeckten.

Eine wichtige Rolle spielte hier die Band „Modena City Ramblers" aus Modena, die, 1991 gegründet, zunächst irische Folksongs, zum Teil auch mit italienischen Texten spielte. Doch schon im April 1993 nahm sie ihr Album „Combat Folk" auf, eine selbstproduzierte Audio-Kassette, auf der neben irischen Folksongs und dem Lied „La contessa" aus der 68er Bewegung ihre Version von „Bella ciao" zu finden ist, eine Version, die musikalisch sehr an den Irish Folk angelehnt ist, mit akustischer Gitarre, Mandoline, Geige und der irischen Tin Whistle, der kleinen Flöte aus Messing. „Bella ciao" findet sich auch auf ihrer ersten CD von 1994 „Riportando tutto a casa", einem Titel in deutlicher Anspielung auf Bob Dylans LP „Bringing It All Back Home" von 1965. Doch die „Modena City Ramblers" waren nicht die Einzigen, die sich mit den Partisanenliedern beschäftigten.

Materiale Resistente

1995 jährte sich die Befreiung Italiens von Faschismus und deutscher Besatzung zum 50. Mal. Dies war Anlass für mehrere italienische Musiker und Bands, musikalisch an den 25. April, den Tag der Befreiung, zu erinnern. So entstand die CD „Materiale resistente 1945–1995“[125] – Widerständiges Material; auf Deutsch eigentlich: widerstandsfähiges Material, das italienische Adjektiv kann beides bedeuten. Musikerinnen und Musiker unterschiedlichster musikalischer Richtungen nahmen sich alte Partisanenlieder vor und interpretierten sie neu als Rock-, Folk-, Ska- oder Punk-Stücke. Ausgangspunkt des Projekts war die Gemeinde Correggio, Provinz Reggio Emilia, in der Poebene. Zusammen mit Partisanenverbänden und Musikern wurden ein Konzert und eine CD geplant. Das Konzert fand am 25. April 1995 in Correggio statt und es beteiligten sich die Musiker, die schon auf der CD zu hören waren. Die Regisseure Guido Chiesa und Davide Ferrario haben einen Dokumentarfilm über das Konzert in Correggio gedreht.

„Bella ciao“ ist hier gleich zweimal vertreten. Die Folkrockband „Modena City Ramblers“ spielt das Stück in ihren typischen Stil.

Einen anderen Ansatz wählte die Band „Officine Schwartz“, bekannt durch ihre Verbindung von Musik mit Theaterperformances und Multimedia-Auftritten. Von ihnen stammt eine mehrstimmige A-Cappella-Version namens „Ciao Bella“, bei der eine Trommel gegen den Rhythmus anschlägt. Ihre Version hat einen eigenen Reiz, der lange im Gedächtnis bleibt. Die bekannte Band „Skiantos“ steuert ihre Version von „Fischia il vento“ bei. Auf dieser CD findet sich auch eine italienische Version des deutschen Widerstandslieds „Die Moorsoldaten“, hier: „Il canto dei deportati“, „das Lied der Deportierten“, interpretiert von „Rosso Maltese“.

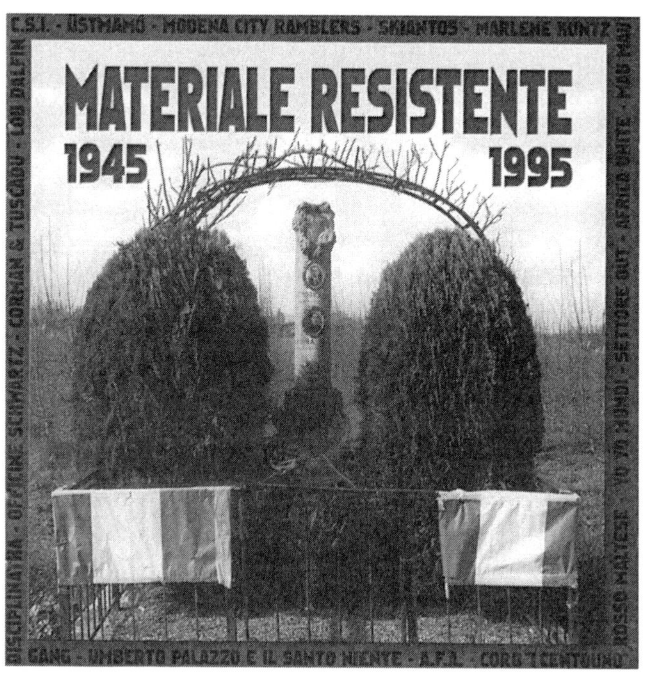

CD-Cover von „Materiale resistente 1945–1995. CPI 1995.

Appunti partigiani

Zehn Jahre später, im April 2005, erscheint wieder zum Jahrestag der Befreiung am 25. April die CD „Appunti partigiani 1945–2005“[126] der Modena City Ramblers. Die Band hatte verschiedene Musiker eingeladen, mit ihnen zusammen bekannte Partisanenlieder zu spielen – oder Lieder, die den Partisanenkampf zum Thema haben und erst später geschrieben wurden. Der Titel („Aufzeichnungen eines Partisanen“) ist ein Bezug auf einen frühen, unvollendeten Text des Schriftstellers Beppe Fenoglio. Vertreten sind z.B. der Liedermacher Francesco Guccini mit seinem Stück „Auschwitz“ und eine Coverversion von „La Guerra di Piero“ des verstorbenen Liedermachers Fabrizio De Andrè. Die Sammlung umfasst auch ein Lied, zu dem der Schriftsteller Italo Calvino den Text verfasst hat: „Oltre il ponte“ („Über die Brücke“), ein Partisanenlied, das erst 1959 geschrieben wurde. Die Musik stammt von Sergio Liberovici aus dem Umfeld des „Nuovo Canzioniere Italiano“. Und es folgt „Il Sentiero“ („Der Weg“), ein Stück, das die Modena City Ramblers geschrieben haben, inspiriert von Italo Calvinos Partisanenroman „Il sentiero dei nidi di ragno“ (auf Deutsch: „Wo Spinnen ihre Nester bauen“)[127]. Vertreten ist auch das berühmte Lied von Nuto Revelli: „Pietà l'è morta“ („Kein Erbarmen mehr“), hier interpretiert von der toskanischen Sängerin Ginevra di Marco. Als Gastmusiker ist auch der britische Sänger Billy Bragg dabei mit einem bisher unveröffentlichten antifaschistischen Stück von Woody Guthrie: „All You Fascists“. Es ist der einzige englischsprachige Song auf dem Album.

Natürlich darf hier „Bella ciao“ nicht fehlen, und es kommt in einer sehr speziellen Version. Die Modena City Ramblers spielen es zusammen mit Goran Bregovic's „Wedding and Funeral Band“: ein italienisches Partisanenlied mit dem Sound der Balkan-Blasmusik, eine Live-Aufnahme eines Konzertes auf der Piazza Grande von Modena. Jugoslawien hatte schließlich im Zweiten Weltkrieg seine eigene Partisanentradition, und da erscheint es nur logisch, dass Goran Bregovic und seine Band auch „Bella ciao“ intonieren. Seitdem hatte Bregovics Band das Lied fest in ihrem Repertoire.

Drei Jahre später, 2008, veröffentlichen die Modena City Ramblers auf ihrem Album „Bella ciao – Italian Combat Folk For The Masses“ gleich zwei Versionen von „Bella ciao“: die Partisanenversion aus ihren früheren CDs und zum ersten Mal auch die Version der „mondine“, die Giovanna Daffini gesungen hat.

Casale Monferrato

Auch andere Musiker erinnerten im Jahr 2005 musikalisch an den Partisanenkampf. Die Band „Yo Yo Mundi", eine Folkrockgruppe aus Acqui Terme in der Provinz Alessandria im Piemont, organisierte am 15. Januar 2005 ein Konzert in Casale Monferrato am Po, ebenfalls in der Provinz Alessandria. Der Anlass war der 60. Jahrestag, dieses Mal nicht der Befreiung, sondern eines Massakers an 13 gefangenen Partisanen der sogenannten „Banda Tom", die in der Gegend aktiv gewesen war. Beim Versuch, die Mutter des Kommandanten Tom alias Antonio Olearo zu befreien – sie wurde von der Wehrmacht als Geisel gehalten – wurden sie gefangen genommen und am 15. Januar 1945 erschossen.

Das Konzert im Stadttheater von Casale Monferrato trug den Titel: „Resistenza. 15 gennaio 2005. La Banda Tom e altre storie partigiane" ("Resistenza. 15. Januar 2005. Die Banda Tom und andere Partisanengeschichten"). Yo Yo Mundi hatte dazu mehrere Gastmusiker eingeladen, mit ihnen zu spielen.

Bei diesem Konzert spielte die Band sowohl Stücke aus der Nachkriegszeit wie „Stalingrado" von den „Stormy Six", eine Hymne aus dem 1970er Jahren, oder Leonard Cohens „The Partisan", als auch bekannte traditionelle Partisanenlieder wie „Siamo i ribelli della montagna" und „Bella ciao". Dazwischen wurden Texte rezitiert: das Gedicht „Partigia" des Schriftstellers und ehemaligen Partisanen Primo Levi, ein Auszug aus den „Appunti partigiani" von Beppe Fenoglio und ein Text des Bologneser Schriftstellerkollektivs Wu Ming.

Yo Yo Mundis Version von „Bella ciao" beginnt mit dem Gesang von Paolo Enrico Archetti Maestri, begleitet nur vom Schlagzeug. Erst gegen Endes Stückes setzen E-Gitarre, Keyboard und Kontrabass ein, und als das Stück zu Ende ist, singt das Publikum das Stück noch einmal von vorne, begleitet vom eigenen Händeklatschen.

Das Konzert wurde aufgezeichnet und sowohl eine CD als auch eine DVD veröffentlicht.[128]

50 Jahre Spoleto

Im April 2014 hat Franco Fabbri eine Idee: Der ehemalige Gitarrist und Komponist der Politrockband „Stormy Six“ und international anerkannte Musikwissenschaftler möchte zum 50. Jahrestag des Festivals von Spoleto das damalige Programm „Bella ciao“ neu auf die Bühne bringen. Aufgeführt werden sollte das Programm mit derselben Abfolge von Liedern, aber mit Musikerinnen und Musikern, die den heutigen Stand der Folkmusik und des politischen Liedes widerspiegelten, und in musikalisch anspruchsvolleren Arrangements. So kam Fabbri ziemlich bald auf den toskanischen Akkordeonisten Riccardo Tesi, der seit mehreren Jahrzehnten mit dem diatonischen Knopfdruckakkordeon und seiner Band „Banditaliana“ Folkmusik und Tänze aus den verschiedensten italienischen Regionen spielt. Ihm vertraute er die Aufgabe an, eine Gruppe von Musikerinnen und Musikern zusammenzustellen und sich um die Arrangements zu kümmern. Dazu kamen die renommierten Sängerinnen Lucilla Galeazzi (Umbrien, geb. 1950), Elena Ledda (Sardinien, geb. 1959) und Ginevra di Marco (Toskana, geb. 1970) und der Sänger Alessio Lega (Apulien, geb. 1972, lebt in Mailand). Weitere Beteiligte waren Andrea Salvadori an Gitarre, Harmonium und Tzouras, einer Art Langhalslaute aus Griechenland, und Gigi Biolcati an der Percussion, der auch in Riccardo Tesis Band „Banditaliana“ mitspielt.

Ursprünglich sollte auch Giovanna Marini aus Rom am Auftritt beteiligt werden; sie wäre die einzige Musikerin gewesen, die schon 50 Jahre zuvor in Spoleto dabei gewesen war. Leider ließ sich das nicht realisieren.

Riccardo Tesi, Jahrgang 1956, schreibt dazu: „Ich bin in einem Haushalt aufgewachsen, in dem die einzig verfügbare Schallplatte ‚Bella ciao‘ war, das so unvermeidlich zum Soundtrack meiner Jugend wurde“[129]. In einem Interview sagt er außerdem:

> „Ich komme aus einer Arbeiterfamilie, da gab es keine Musikkultur, aber mein Vater hatte sich – als guter Kommunist – bei einem Festival der „Unità“ diese Schallplatte gekauft. Ich war neun oder zehn Jahre alt und jeden Sonntag morgen legte er sie auf. Diese Lieder habe ich so oft gehört.“[130]

Es gibt noch eine weitere Verbindung Tesis zu „Bella ciao“: als 20jähriger begann er seine musikalische Karriere in der Begleitband von Caterina Bueno, die 1964 in Spoleto dabei gewesen war.

Riccardo Tesi schreibt weiter im selben Interview:

> „Die Lieder von ‚Bella ciao' bewahren heute nicht nur ihre ganze expressive Kraft, sondern haben durch ihre libertären, pazifistischen und bürgerrechtlichen Werte eine neue Dringlichkeit in der globalisierten Welt angenommen."

Am 11. Juni 2014, genau 50 Jahre nach dem ersten Auftritt in Spoleto, traten die Musikerinnen und Musiker in einem Konzert auf. Der Ort war die „Camera del Lavoro", das Gewerkschaftshaus von Mailand. Es erübrigt sich zu sagen, dass das Konzert ausverkauft war. Das Jubiläumsprogramm ging – wie schon sein Vorläufer – auf Tournee durch ganz Italien. Anschließend gingen die Musiker ins Tonstudio und nahmen ihr Programm auf CD auf.

Ihre Interpretationen der Lieder sind wesentlich variantenreicher und von Arrangement und Instrumentierung her anspruchsvoller. Es ging ihnen nie darum, eine reine Kopie der historischen Aufführung umzusetzen. Sie wollten die Tradition weiterschreiben und die Erinnerung an Spoleto und an die Partisanenlieder bewahren, indem sie sie mit ihrer eigenen musikalischen Erfahrung verbanden.

Marlene Kuntz versus Salvini

Zum 25. April 2019 erschien eine weitere Version von „Bella ciao“, die eine direkte Verbindung zu aktuellen politischen Erreignissen herstellte. Die italienische Independent-Rockgruppe Marlene Kuntz veröffentlichte eine EP mit zwei verschiedenen Versionen, eine in Zusammenarbeit mit dem Sänger Skin. Im parallel dazu veröffentlichten Musikvideo bezogen sie sich auf die Ereignisse im kalabresischen Dorf Riace. Dort hatte der Bürgermeister Domenico „Mimmo“ Lucano kurdische, syrische und nordafrikanische Flüchtlinge unbürokratisch im größtenteils leerstehenden Ortskern untergebracht. Vorher hatte er sich die Erlaubnis der alten Besitzer eingeholt, die teilweise in verschiedene lateinamerikanische Länder oder auch nur nach Norditalien ausgewandert waren. Über kommunale Firmen schuf er auch noch Arbeitsplätze für einige Flüchtlinge. Im Jahr 2017 wurde ihm dafür der Dresder Friedenspreeis verliehen. All dies gefiel dem damaligen rechten Innenminister Matteo Salvini überhaupt nicht. Er zog alle Register, stellte Strafanzeige gegen Bürgermeister Lucano wegen Veruntreuung öffentlicher Gelder und Begünstigung illegaler Einwanderung und ließ ihn als Bürgermeister absetzen. Im Oktober 2018 wurde Lucano ferstgenommen und unter Hausarrest gestellt.[131] Die Flüchtlinge mussten die Häuser verlassen und verloren auch noch ihre Arbeit. Ein Erfolgsmodell mit Flüchtlingen, das die Aufnahme von Flüchtlingen als positives Beispiel für Italien darstellte, durfte in Salvinis Augen nicht existieren. Im September 2021 wurde Lucano zu 13 Jahren Haft verurteilt, 5 Jahre mehr, als die Staatsanwaltschaft gefordert hatte. Ihm wurde, neben Förderung illegaler Einwanderung unter anderem vorgeworfen, Scheinehen organisiert und die öffentliche Müllbeseitigung ohne Ausschreibung an kommunale Genossenschaften vergeben zu haben.[132] Dabei war Mimmo Lucano auch als Kämpfer gegen die Mafia bekannt, die in Kalabrien N'drangheta heißt. Gegen Bürgermeister, die z.B. bei Bauaufträgen mit der Mafia zusammengearbeitet hatten, wurden nie so hohe Strafen verhängt.

Marlene Kuntz zeigt in den Videos das Dorf mit Riace, den Bürgermeister und die Flüchtlinge und zieht so eine Verbindung vom antifaschistischen Kampf der Resistenza zur Bewegung, die Flüchtlinge in Italien unterstützt.

La casa de papel

Die spanische Netflix-Serie „La casa de papel", auf Deutsch: „ Haus des Geldes" von Alex Pina (2017) sorgte für eine starke Verbreitung unseres Liedes vor allem bei der jüngeren Generation. Der Plot ist Folgender: Ein Mann, „El profesor" genannt, versammelt eine Gruppe unterschiedlichster Männer und Frauen um sich, mit dem Ziel, in die spanische Banknotendruckerei einzudringen. Die Angestellten sollen als Geiseln genommen und gezwungen werden, eine große Menge Geld zu drucken, wobei sie an der Beute beteiligt werden. Diese Aktion wird politisch gesehen, als Schlag gegen den Kapitalismus, gegen das politische System der Ungleichheit. Alle Mitglieder der Bande bekommen Decknamen nach Großstädten wie Berlin, Tokio, Oslo usw., ziehen rote Overalls an und setzen eine Salvador Dalí-Maske auf. In der Nacht vor Beginn des Überfalls fängt „El Profesor" an, „Bella ciao" zu singen. Er hatte das Lied von seinem Großvater gelernt, der bei den italienischen Partisanen gekämpft hatte. Dazu sagt er: „Nichts wird schiefgehen. Wir sind doch der Widerstand!" - „Somos la resistencia!". Auch am Ende der zweiten Staffel, als die Bande mit ihrer Beute durch einen Tunnel aus dem Gebäude der Notendruckerei flieht, während Spezialeinheiten der Polizei ins Gebäude eindringen, wird zur Untermalung der spannenden Handlung eine Instrumentalfassung von „Bella ciao" gespielt. Das Lied steht in dieser Serie ganz allgemein als Symbol für Widerstand. Der Soundtrack stammt vom Musiker Manu Pilas. Da diese Serie, die weltweit, in den unterschiedlichsten Sprachen gestreamt werden kann, die meistgesehene nicht-englischsprachige Netflix-Serie überhaupt ist, können wir uns vorstellen, was das für die Verbreitung von „Bella ciao" bedeutet hat. Verschiedene DJs präsentierten Remixe des Liedes, das plötzlich überall präsent war. Es häuften sich Videos aus Ländern wie z.B. Rumänien, Iran oder dem Libanon, auf denen Musikerinnen und Musiker in roten Overalls zu sehen sind, die „Bella ciao" auf Italienisch oder in ihren Landessprachen singen. Besonders die libanesische Sängerin Shiraz hat das Lied im ganzen arabischen Raum bekannt gemacht und ihre arabische Version wurde fortan auch auf Demonstrationen gesungen, z.B. gegen die korrupten Regierungen im Libanon oder im Irak. Ein Lied als Symbol für den Widerstand weltweit.

Andere Filme

Doch schon vor der Netflix-Serie wurde „Bella ciao" in Filmen verwendet.

1969 wurde in Jugoslawien ein Film gedreht, der die Partisanenerfahrung während der deutschen Besatzung im Zweiten Weltkrieg verarbeitet. Der Originaltitel lautet „Most" (Die Brücke) von Regisseur Hajrudin Krvavac, die DEFA-Synchronisation hieß „Auftrag für Tiger". „Bella ciao" wird gesungen, kurz bevor und nachdem ein Partisanentrupp eine wichtige Sabotageaktion durchführt.

Ein weiteres Beispiel ist der Film „Herr Lehmann" von Leander Haußmann aus dem Jahr 2003, eine Verfilmung des Romans von Sven Regener, auch Sänger der Berliner Band „Element of Crime".

Hier wird eine Version der australischen Musikerin und Sängerin Anita Lane (1960–2021) verwendet.

Anita Lane war zusammen mit Nick Cave Mitbegründerin der australischen Punkband „The Birthday Party". Anfang der 1980er zog sie mit Nick Cave zunächst nach London, dann nach Westberlin, wo sie mit ihm die Band „The Bad Seeds" gründete. Dort spielte Lane Keyboards und schrieb mehrere Stücke. Anita Lane spielte aber auch mit anderen Westberliner Bands zusammen wie z.B. „Die Haut".[133]

Auf ihrem Soloalbum „Sex O'Clock" von 2001 präsentiert sie eine sehr langsame Pop-Version von „Bella ciao":

Early one morning I was awakened
Bella ciao, bella ciao, bella ciao, ciao, ciao
Early one morning I was awakened
And found the enemy was here

An einem frühen Morgen wurde ich aufgeweckt
Bella ciao, bella ciao, bella ciao, ciao, ciao
An einem frühen Morgen wurde ich aufgeweckt
Und sah, der Feind war da

Oh Partisan, take me from this place
Bella ciao, bella ciao, bella ciao, ciao, ciao
Oh Partisan, take me from this place
Because I feel I´m dying here

O Partisan, bring mich weg von hier
Bella ciao, bella ciao, bella ciao, ciao, ciao
O Partisan, bring mich weg von hier
Denn ich fühle, dass ich hier sterbe

And if I die up on that mountain
Bella ciao, bella ciao, bella ciao, ciao, ciao
And if I die up on that mountain
Then you must bury me up there

Und wenn ich sterbe auf diesem Berge
Bella ciao, bella ciao, bella ciao, ciao, ciao
Und wenn ich sterbe auf diesem Berge
Dann must du mich dort oben begraben

Bury me high up, up on that mountain
Bella ciao, bella ciao, bella ciao, ciao, ciao
Bury me high up, up on that mountain
And let a flower mark my grave

Begrab mich hoch oben auf diesem Berge
Bella ciao, bella ciao, bella ciao, ciao, ciao
Begrab mich hoch oben auf diesem Berge
Und eine Blume soll mein Grab markieren

Oh Partisan, take me from this place
Bella ciao, bella ciao, bella ciao, ciao, ciao
Oh Partisan, take me from this place
Because I feel I´m dying here

O Partisan, bring mich weg von hier
Bella ciao, bella ciao, bella ciao, ciao, ciao
O Partisan, bring mich weg von hier
Denn ich fühle, dass ich hier sterbe

Ein jüngstes Beispiel ist der Film „Doch das Böse gibt es nicht“ des iranischen Filmemachers Mohammad Rasoulof. Der Film hat 2020 den Goldenen Bären der Berlinale gewonnen.[134] In diesem Episodenfilm geht es um die Todesstrafe. In der zweiten Episode leistet ein junger Mann namens Pouya seinen Wehrdienst in einem Gefängnis ab. Er soll zum ersten Mal an einer Hinrichtung eines zum Tode Verurteilten teilnehmen. Er versucht zunächst, sich der Aufgabe zu entziehen. Als dies nicht klappt, überwältigt er einen Wärter und flieht aus dem Gefängnis. Seine Freundin Tahmineh wartet draußen mit einem Fluchtwagen auf ihn. Im Auto hören sie Milvas Version von „Bella ciao“, singen den Refrain mit und freuen sich über seine gelungene Flucht. Allerdings singt Milva die Version der mondine und nicht die der Partisanen, doch die Symbolkraft des Liedes ist hier wohl wichtiger als der konkrete Text. In einem Video auf einer Internetplattform können wir uns diese Szene separat ansehen, das italienische Lied untertitelt mit dem türkischen Text von „Grup Yorum“ mit der Partisanenversion.[135] Am Ende der letzten Episode wird noch eine Instrumentalversion von „Bella ciao“ eingespielt.

Andere Versionen von „Bella ciao"

Es gibt weltweit zahllose Versionen von „Bella ciao", in unzähligen Sprachen. Carlo Pestelli spricht von Versionen in 40 verschiedenen Sprachen. Im Einzelnen zählt er auf: die slawischen und skandinavischen Sprachen, Arabisch, Chinesisch, Japanisch und Tagalog (Philippinen). Dann gibt es Versionen auf Türkisch, Kurdisch, Baskisch, Ladino, Rätoromanisch, Galizisch und Bretonisch.

Die Internetseite www.antiwarsong.org sammelt Versionen in verschiedenen Sprachen, darunter gleich mehrere spanische, holländische, türkische, kurdische und bretonische Übersetzungen. Dazu kommen Versionen auf Russisch, Finnisch, Serbisch, Ungarisch, Griechisch, Hebräisch, Vietnamesisch, in verschiedenen italienischen Dialekten und dem Sinto aus dem Piemont.

Die chilenische Gruppe „Quilapayún" hatte ab Ende der 1960er Jahre und während der Regierungszeit der Unidad Popular (1970–1973) „Bella ciao" im Repertoire. In ihrem 1969 erschienenen Album „Basta" singen sie „Bella ciao" auf Italienisch, wobei sie dem Lied ein anderes italienisches Lied voranstellen: „Son cieco e mi vedete" („Ich bin blind und ihr könnt mich sehen"), ein Lied, das auch Teil des Programms beim Festival von Spoleto war. Nach dem Militärputsch von 1973 lebte die Gruppe „Quilapayún" jahrelang in Frankreich im Exil.

Auch andere lateinamerikanische Gruppen oder Sängerinnen hatten „Bella ciao" im Repertoire, z.B. die chilenische Gruppe Inti-Illimani, die selbst für viele Jahre politisches Asyl in Italien gefunden hatte, und die argentinische Sängerin Mercedes Sosa.

Die bretonische Folkpunkgruppe „Les ramoneurs de menhirs" spielt eine Version – der Titel heißt „Bell'ARB" – in der sie abwechselnd eine Strophe auf Französisch und dann denselben Text auf Bretonisch singt. Gegen Ende kommt eine zusätzliche Strophe auf Bretonisch, die sich auf die bretonische Unabhängigkeitsbewegung bezieht und in der ihr Kampf unterstützt wird.

Es wird aber bei manchen Versionen auch mal gemogelt: In mehreren Publikationen wird darauf hingewiesen, dass auch der französisch-spanische Sänger Manu Chao „Bella ciao" gesungen habe. Wenn wir bei einer bekannten Videoplattform im Internet die beiden Namen eingeben, stoßen wir tatsächlich auf viele Treffer. Bei den bestplazierten Treffern stellt sich allerdings die Frage: Ist das wirklich Manu Chao? Seine Stimme ist es jedenfalls nicht. Der Text ist identisch mit dem, der 1959 in Kuba gesungen wurde. Die Version, die unter dem

Namen „Manu Chao“ präsentiert wird, stammt in Wirklichkeit vom Argentinier Diego Moreno. Der Tangomusiker lebt seit vielen Jahren in Italien, genauer gesagt, in Neapel, und hat u.a. versucht den argentinischen Tango mit der neapolitanischen Volksmusik zusammen zu bringen. Seine Version heißt „Bella Chao“, stammt aus dem Jahr 2016 und findet sich auf seiner CD „Che Vive! 30 Canciones Revolucionarias!“. Es war diese Version mit dem typischen Sound des lateinamerikanischen Charango, die dem Musiker Manu Pilas als Vorlage für die Netflixserie "La casa de papel" diente.

Erst bei gezielteren Suchen, zu denen mich Cesare Bermani und Stefano Arrighetti inspirierten, finden sich dann doch noch Videos, auf denen Manu Chao tatsächlich „Bella ciao“ singt:

Der italienische Musiker Elia Paolo Acchiardi hat es am 27. Juni 2012 bei einem Konzert in Cuneo (Piemont) zusammen mit Manu Chao gesungen. Und es gibt noch ein weiteres Video mit Manu Chao, aufgenommen am 27. Juni 2021 beim Flowers Festival in Collegno (Turin). Dort fordert Manu Chao das Publikum auf, als Zugabe „Bella ciao“ zu singen und spielt auf der akustischen Gitarre die Griffe dazu.

Die Musikerin und Holocaust-Überlebende Esther Bejarano (1924–2021), die das KZ Auschwitz überlebt hat, weil sie im Mädchenorchester Akkordeon spielte, war noch bis kurz vor ihrem Tod auf der Bühne aufgetreten, u.a. mehrere Jahre lang mit der HipHopgruppe "Microphone Mafia". "Bella ciao" war fester Bestandteil ihres Repertoires.

Der afghanische Sänger und Songwriter Shekib Mosadeq, der 2011 nach Deutschland geflohen war, gibt auch hier Konzerte und hat eine CD veröffentlicht. Er hat eine Version von „Bella ciao“ auf Farsi geschrieben, die er bei einem Konzert auch zusammen mit Konstantin Wecker gesungen hat, und zwar abwechselnd dreisprachig: Wecker auf Deutsch und Italienisch und Mosadeq auf Farsi. Am 8. Juni 2019, bei einer Konferenz der Zeitschrift Melodie & Rhythmus, spielten im Berliner „Heimathafen“ Shekib Mosadeq, Konstantin Wecker und Esther Bejarano gemeinsam „Bella ciao“, und wieder dreisprachig.

Ich möchte hier beispielhaft einige Versionen auswählen und präsentieren, die ich für bedeutsam halte.

Grup Yorum

„Grup Yorum“ ist ein politisches Projekt türkischer Musikerinnen und Musiker, die türkische und kurdische Folklore und Protestlieder, aber auch internationale Songs auf der Bühne präsentieren. Es wurde 1985 gegründet und seitdem haben die Mitglieder der Gruppe ständig gewechselt. Oft wurden Musikerinnen und Musiker verhaftet, weil sie bei ihren Konzerten Lieder in kurdischer Sprache sangen, oder einfach, weil sie Widerstandslieder gesungen haben oder subversiver politischer Aktivitäten beschuldigt wurden.[136] Nach zahlreichen Verhaftungen infolge der zunehmenden Repression gegen Oppositionelle nach dem Putschversuch von 2016 traten am 16. Mai 2019 mehrere inhaftierte Mitglieder von „Grup Yorum" in einen Hungerstreik („Todesfasten"). Am 23. April 2020 starb die Sängerin Helin Bölke am 288. Tag ihres Hungerstreiks. Kurz darauf, am 7. Mai, starb auch der Bassist Ibrahim Gökçek.[137] Bei seiner Beerdigung setzte die Polizei Tränengas gegen die Trauernden ein und beschlagnahmte den Sarg.

„Grup Yorum" hat eine türkische Version von „Bella ciao" im Repertoire: „Çav bella". Es handelt sich um eine relativ getreue Übersetzung des italienischen Textes ins Türkische:

İşte bir sabah uyandığımda
Çav bella, çav bella, çav bella, Çav, çav, çav...
Elleri bağlanmış bulduğum yurdumun
Her yanı işgal altında
Elleri bağlanmış bulduğum yurdumun
Her yanı işgal altında

Als ich eines Morgens aufwachte
Çav bella, çav bella, çav bella, Çav, çav, çav...
Fand ich mein Land mit gefesselten Händen
Überall stand es unter Besatzung
Fand ich mein Land mit gefesselten Händen
Überall stand es unter Besatzung

Sen, ey Partizan beni de götür
Çav bella, çav bella, çav bella, Çav, çav, çav...
Beni de götür dağlarınıza
Dayanamam tutsaklığa
Beni de götür dağlarınıza
Dayanamam tutsaklığa

Du, o Partisan, nimm mich mit
Çav bella, çav bella, çav bella, Çav, çav, çav...
Nimm mich mit in eure Berge
Ich kann die Gefangenschaft nicht ertragen
Nimm mich mit in eure Berge
Ich kann die Gefangenschaft nicht ertragen

Eger ölürsem ben partizanca
Çav bella, çav bella, çav bella, Çav, çav, çav...
Sen gömmelisin ellerinle beni
Ellerinle toprağına
Sen gömmelisin ellerinle beni
Ellerinle toprağına

Wenn ich sterbe als Partisan
Çav bella, çav bella, çav bella, Çav, çav, çav...
Sollst du mich mit deinen Händen begraben
Mit deinen Händen in deiner Erde
Sollst du mich mit deinen Händen begraben
Mit deinen Händen in deiner Erde

Güneş doğacak
Açacak çiçek
Çav bella, çav bella, çav bella, Çav, çav, çav...
Gelip geçenler diyecek merhaba
Merhaba ey güzel çiçek
Gelip geçenler diyecek merhaba
Merhaba ey güzel çiçek

Die Sonne wird aufgehen
Die Blume wird aufblühen
Çav bella, çav bella, çav bella, Çav, çav, çav...
Wer vorbeikommt, sagt Guten Tag
Guten Tag, o schöne Blume.
Wer vorbeikommt, sagt Guten Tag
Guten Tag, o schöne Blume.

Marina Rossell

Dann gibt es eine katalanische Version. Die Sängerin Marina Rossell, die seit Mitte der 1970er Jahre im Bereich Folk und politische Lieder aktiv ist, singt sie zusammen mit der Barceloneser Musikgruppe Manel. Der Text stammt von Josep Tero, das musikalische Arrangement ist von Marina Rossell selbst. Veröffentlicht wurde sie auf dem Album „Cançons de la resistència" (Widerstandslieder) aus dem Jahr 2015. Auf diesem Album hat Marina Rossell, die die Franco-Diktatur in Spanien noch selbst miterlebt hatte, mehrere Lieder zusammengestellt, die sie als Widerstandslieder dem Vergessen entreißen wollte, darunter Lieder aus dem Spanischen Bürgerkrieg, den „Chant des partisans" aus der französischen Résistance, außerdem „Lili Marleen", das portugiesische Revolutionslied „Grandola vila morena“, den „Cant Dels Deportats“, die katalanische Version des „Liedes der Moorsoldaten“, und das Lied „Morir a Ravensbrück“ (Sterben in Ravensbrück), das nach einem Roman der katalanischen Schriftstellerin Montserrat Roig geschrieben wurde und der das Schicksal katalanischer Frauen behandelt, die im KZ Ravensbrück inhaftiert waren. Und natürlich „Bella ciao“:

M'he alçat ben d'hora, de matinada,
oh, bella, ciao; bella, ciao; bella, ciao…,
m'he alçat ben d'hora, de matinada,
i m'he topat amb l'enemic.

Ich bin sehr früh am Morgen aufgestanden,
oh, bella, ciao; bella, ciao; bella, ciao…,
Ich bin sehr früh am Morgen aufgestanden
und stieß auf den Feind.

Porta'm on vagis, tu, partisana,
oh, bella, ciao; bella, ciao; bella, ciao…,
porta'm on vagis, ai!, partisana,
ans que em mori sola aquí.

Nimm mich mit, wohin du gehst, du, Partisanin
oh, bella, ciao; bella, ciao; bella, ciao…,
Nimm mich mit, wohin du gehst, oh, Partisanin,
bevor ich hier alleine sterbe.

I si em moria entre els teus braços,
oh, bella, ciao; bella, ciao; bella, ciao…,
i si em moria, entre els teus braços,
obre un sot i enterra-m'hi.

Und wenn ich sterbe in deinen Armen,
oh, bella, ciao; bella, ciao; bella, ciao…,
und wenn ich sterbe in deinen Armen,
Heb eine Grube aus und begrabe mich dort.

Un sot a l'ombra d'algun dels arbres,
oh, bella, ciao; bella, ciao; bella, ciao…,
un sot a l'ombra d'algun dels arbres
que floreixen cada abril.

Eine Grube im Schatten eines der Bäume,
oh, bella, ciao; bella, ciao; bella, ciao…,
eine Grube im Schatten eines der Bäume
die jeden April blühen.

I aquells que passin prop del meu arbre,
oh, bella, ciao; bella, ciao; bella, ciao…,
i aquells qui passin prop del meu arbre
es recordaran de mi.

Und die, die vorbeigehen an meinem Baum,
oh, bella, ciao; bella, ciao; bella, ciao…,
Und die, die vorbeigehen an meinem Baum,
sie werden sich an mich erinnern.

Que a sota l'ombra d'aquest bell arbre,
oh, bella, ciao; bella, ciao; bella, ciao…,
hi jeu l'amor d'una partisana
morta per la llibertat!

Dass im Schatten dieses schönen Baumes,
oh, bella, ciao; bella, ciao; bella, ciao…,
die Liebe einer Partisanin liegt,
die für die Freiheit gestorben ist!

Interessant ist an diesem Text die geänderte Perspektive: Hier geht es um eine Frau, die in die Berge geht, um eine Partisanin.

Marina Rossell hat aber auch eine Version auf Spanisch aufgenommen. Sie findet sich auf ihrem letzten Album „Marina Rossell canta Moustaki y canciones de la resistencia“ von 2019. Dort singt sie neben Coverversionen des französischen Sängers Georges Moustaki mehrere Stücke aus ihrem Widerstandsalbum auf Spanisch:

Muy de mañana, me he levantado,
oh, bella, ciao...
Muy de mañana me he levantado
y me he enfrentado al invasor.

Sehr früh am Morgen bin ich aufgestanden
Oh, bella ciao …
Sehr früh am Morgen bin ich aufgestanden
Und stand dem Feind gegenüber.

Quiero ir contigo donde tú vayas
Oh, bella, ciao...
Quiero ir contigo, ay, partisana,
para que me des valor.

Ich will mit dir gehen, wohin du gehst
Oh, bella, ciao …

Ich will mit dir gehen, wohin du gehst
Damit du mir Mut machst.

Y si muriera en este campo,
Ay, bella, ciao...
Y si muriera en este campo
cúbreme con el calor

Und wenn ich sterbe auf diesem Felde
Ay, bella, ciao …
Und wenn ich sterbe auf diesem Felde
Bedecke mich mit der Wärme

de nuestra tierra, que entre tus manos
Ay, bella, ciao...
De nuestra tierra, que entre tus manos
sabe a revolución.

Unserer Erde, die zwischen deinen Händen
Ay, bella, ciao …
Unserer Erde, die zwischen deinen Händen
Nach Revolution riecht.

Y cuando pasen los partisanos
Ay, bella, ciao...
Sabrán que el árbol que tú plantaste
sobre mi fosa, floreció.

Und wenn die Partisanen vorbeigehen
Ay, bella, ciao …
Wissen sie, dass der Baum, den du auf meinem Grab
Gepflanzt hast, geblüht hat.

Con flores rojas, rojas de sangre
Ay, bella, ciao...
Con flores rojas, que tú metiste
dentro de mi corazón.

Mit roten Blüten, rot wie Blut
Ay, bella, ciao …
Mit roten Blüten, die du
In mein Herz gesteckt hast.

A fascist at my door!

Den Musiker Tom Waits würde wahrscheinlich niemand mit unserem Partisanensong in Verbindung bringen. Mit dem Genre des politischen Liedes war Waits zumindest noch nicht in Berührung geraten. Es ist dem Gitarristen Marc Ribot zu verdanken, dass sich der Meister mit der rauen Stimme diesem Stück zuwandte. Der US-amerikanische Gitarrist Marc Ribot hat seit dem 1980er Jahren den typischen Sound der Tom Waits-Alben wesentlich mitgeprägt. Seit der Platte „Raindogs" (1985) spielte Ribot Gitarre in Tom Waits Begleitband.

2018 nahm Marc Ribot eine Compilation auf unter dem Titel „Songs of Resistance 1942–2018". Das Album sollte eine politische Antwort auf Donald Trump und den „Trumpismus" sein. Dabei gestand Ribot sehr wohl ein, dass auch unter demokratischen Präsidenten die Dinge nicht zum Besten standen und dass „Rassismus, Sexismus, Homophobie, Fremdenfeindlichkeit und Krieg unter früheren Präsidenten – einige von ihnen Demokraten – nicht vergessen sind".[138] Er suchte nach Liedern, wühlte in Archiven und fand Songs aus der Bürgerrechtsbewegung in den USA und auch zwei antifaschistische Lieder aus Italien: „Fischia il vento" und „Bella ciao". Für jeden Song suchte er sich andere Musiker und Musikerinnen, mit denen er die Stücke einspielte.

Für „Bella ciao" schrieb Ribot einen englischen Text, der relativ wörtlich den Originaltext wiedergibt.

One fine morning I woke up early
Bella ciao, bella ciao, goodbye beautiful
One fine morning I woke up early
To find a fascist at my door

Eines schönen Morgens wachte ich früh auf
Bella ciao, bella ciao, goodbye beautiful
Eines schönen Morgens wachte ich früh auf
Und fand einen Faschisten vor meiner Tür.

Oh partigiano, please take me with you
Bella ciao, bella ciao, goodbye beautiful
Oh partigiano, please take me with you
I'm not afraid now anymore

Oh, Partisan, nimm mich mit dir
Bella ciao, bella ciao, goodbye beautiful
Oh, Partisan, nimm mich mit dir
Ich habe jetzt keine Angst mehr.

And if I die a partigiano
Bella ciao, bella ciao, goodbye beautiful
Please bury me up on that mountain
In the shadow of a flower

Und wenn ich sterbe als Partisan
Bella ciao, bella ciao, goodbye beautiful
Begrab mich oben auf diesem Berg
Im Schatten einer Blume

So all the people, people passing
Bella ciao, bella ciao, goodbye beautiful
All the people, the people passing
Can say: what a beautiful flower

So können alle Leute, Leute, die vorbeigehn
Bella ciao, bella ciao, goodbye beautiful
Alle Leute, Leute, die vorbeigehn
Sagen: was für eine schöne Blume.

This is the flower of the partisan
Bella ciao, bella ciao, goodbye beautiful
This is the flower of the partisan
Who died for freedom

Dies ist die Blume des Partisanen
Bella ciao, bella ciao, goodbye beautiful
Das ist die Blume des Partisanen
Der für die Freiheit starb.

„Fischia il vento“, der andere Partisanensong, den Marc Ribot in seinem Album verarbeitet hat, trägt hier den Titel „The militant ecologist“ und ist vom Text, aber auch von der Musik her eine sehr freie Version, die nur noch entfernt an das Original erinnert. Der Beginn folgt noch der italienischen Vorlage:

The wind it howls,	*Es heult der Wind,*
the storm around is raging	*Es tobt der Sturm*
Our shoes are broken,	*Unsere Schuhe sind kaputt*
still we must go on	*Und doch müssen wir weiter.*

Dann nimmt das Lied eine andere Wendung als im italienischen Text. Protagonistin des Liedes ist hier eine Frau, die militante Umweltschützerin:

Underground, the militant ecologist
Like a shadow emerges from the night
The stars above, guide her on her mission
Strong her heart swift her arm to strike

Heimlich taucht die militante Umweltschützerin
Wie ein Schatten aus der Nacht auf.
Die Sterne über ihr leiten sie bei ihrer Mission
Stark ist ihr Herz und schnell ihr Arm, wenn sie zuschlägt.

Statt der roten Fahne wird eine grüne Fahne geschwungen – und das Ende des Kampfs ist noch offen.

Gesungen wird das Lied von der US-amerikanischen Sängerin und Bassistin Meshell Ndegeocello.

Chumbawamba

Eine aktualisierte und an die Realität des 21. Jahrhunderts angepasste Version von „Bella ciao" liefert die britische Politrock-Band Chumbawamba. 1982 gegründet, wurde sie spätestens mit ihrem Album „Pictures of Starving Children Sell Records" ab Ende der 1980er Jahre einem größeren Publikum bekannt. Sie hatte „Bella ciao" schon seit den 1990ern in ihrem Repertoire, mit dem italienischem Text, da die Musiker es bei ihren Tourneen durch Italien vom Publikum gelernt hatten. Auf ihrem Album "A Singsong and a Scrap" von 2005 findet sich eine neue, englischsprachige Version. Im Begleitheft zur CD heißt es:

> „Wir haben einen neuen Text für das Lied geschrieben, nachdem wir 2001 Genua während des G8 Gipfeltreffens besucht hatten, bei dem ein junger Demonstrant, Carlo Giuliani, von der Polizei erschossen wurde."[139]

The world is waking outside my window
Bella ciao, bella ciao, bella ciao ciao ciao
Drags my senses into the sunlight
For there are things that I must do

Die Welt wacht auf vor meinem Fenster
Bella ciao, bella ciao, bella ciao ciao ciao
Zieht meine Sinne ins Licht der Sonne
Denn da ist etwas, das muss ich tun

Wish me luck now, I have to leave you
Bella ciao, bella ciao, bella ciao ciao ciao
With my friends now up to the city
We're going to shake the gates of hell

Wünsch mir jetzt Glück, ich muss dich verlassen
Bella ciao, bella ciao, bella ciao ciao ciao

Mit meinen Freunden rauf in die Großstadt
Wir rütteln dort am Höllentor

And I will tell them - we will tell them
Bella ciao, bella ciao, bella ciao ciao ciao
That our sunlight is not for franchise
And wish the bastards drop down dead

Ich werd ihnen sagen – wir werden sagen
Bella ciao, bella ciao, bella ciao ciao ciao
Das Licht der Sonne steht nicht infrage
und wünsch, die Schweine fallen tot um

Next time you see me I may be smiling
Bella ciao, bella ciao, bella ciao ciao ciao
I'll be in prison or on the TV
I'll say, „the sunlight dragged me here!"
Questa mattina mi sono alzato
Bella ciao, bella ciao, bella ciao

Beim nächsten Mal siehst du mich lächeln
Bella ciao, bella ciao, bella ciao ciao ciao
ob im Gefängnis oder im Fernsehen
Ich sag, „die Sonne bringt mich her"
Questa mattina mi sono alzato
Bella ciao, bella ciao, bella ciao

„Bella Ciao" als Weltmusik

Was macht "Bella ciao" so attraktiv, dass es in vielen Ländern der Welt zu einem Freiheits- und Widerstandslied sozialer Bewegungen wurde?

Es gibt unzählige Beispiele, wie sich soziale Bewegungen oder auch kleine Gruppen von Protestierenden dieses Lied angeeignet und es für ihre Zwecke umgeschrieben haben.

Schon im April 1965 haben italienische Textilarbeiter in der Provinz Biella im Norden Italiens bei einem Streik das Lied für sich genutzt:[140]

Questa mattina m'han licenziato
O bella ciao, bella ciao, bella ciao, ciao, ciao
Questa mattina m'han licenziato
Quei vigliacchi dei padron'

Heute morgen haben sie mich entlassen
O bella ciao, bella ciao, bella ciao, ciao, ciao
Heute morgen haben sie mich entlassen
Diese Schurken von Unternehmern

Ebenfalls Mitte der Sechzigerjahre sangen mexikanische Wanderarbeiter in Kalifornien bei einem Streik eine spanische Version von „Bella ciao".[141]

Im Oktober 2010 wurde in Italien über den Blog „Femminismo a Sud" eine Version verbreitet, die das Thema der Frauenmorde aufgreift:[142]

Una mattina mi son svegliata
o bella ciao, bella ciao, bella ciao ciao ciao
una mattina mi son svegliata
ed ero stanca di morir.

Eines Morgens bin ich aufgewacht
o bella ciao, bella ciao, bella ciao ciao ciao
Eines Morgens bin ich aufgewacht
Und war es leid zu sterben

Morir per caso, per falso amore
salvar l'onore o per fame di libertà
sempre un motivo me lo trovate
ma io non ci credo più.

Sterben per Zufall, aus falscher Liebe
Die Ehre zu retten oder aus Hunger zur Freiheit
Einen Grund findet ihr immer
Doch daran glaube ich nicht mehr

Io muoio perché son donna
o bella ciao, bella ciao, bella ciao, ciao, ciao
so che muoio perché son donna
e non mi voglio rassegnar.

Ich sterbe, weil ich eine Frau bin
o bella ciao, bella ciao, bella ciao, ciao, ciao
Ich weiß, dass ich sterbe, weil ich eine Frau bin
Und damit will ich mich nicht abfinden.

Alle sorelle, alle compagne
o bella ciao, bella ciao, bella ciao, ciao, ciao
alle compagne, sorelle e figlie
questa canzone porterò.

Meinen Schwestern, meinen Gefährtinnen
o bella ciao, bella ciao, bella ciao, ciao, ciao
Gefährtinnen, Schwestern und Töchtern
Bringe ich dieses Lied.

E nelle strade e sulle piazze
o bella ciao, bella ciao, bella ciao, ciao, ciao
ascolterete la nostra voce
che non vogliamo più morir
ascolterete la nostra voce
che siamo stanche di morir.

Und auf den Straßen und auf den Plätzen
o bella ciao, bella ciao, bella ciao, ciao, ciao
werdet ihr unsere Stimme hören,
dass wir nicht mehr sterben wollen,
werdet ihr unsere Stimme hören,
dass wir es leid sind zu sterben.

2013 bei den Protesten um den Gezi-Park in Istanbul spielte die Version von „Grup Yorum" eine große Rolle. Demonstranten sangen es und „Grup Yorum" spielte es bei mehreren Konzerten aus Solidarität mit den Protestierenden. Der deutsch-italienische Pianist Davide Martello, der mit seinem Klavier auf dem Auto-Anhänger in Südosteuropa unterwegs war, fuhr im Juni 2013 spontan nach Istanbul, um die Proteste gegen den Abriss des Gezi-Parks musikalisch zu unterstützen. Mit seinem VW fuhr er direkt auf den Taksim-Platz, stellte sein Klavier auf das Straßenpflaster und begann zu spielen: Lieder, die international bekannt sind, darunter auch „Bella ciao". Drei Konzerte an zwei Tagen gab er an verschiedenen Ecken des Taksim-Platzes, bis die Polizei sein Klavier beschlagnahmte. Erst durch die Intervention der deutschen Botschaft bekam er es zurück, musste aber die Türkei verlassen.[143] Offenbar sahen die türkischen Behörden seine Musik als Bedrohung der inneren Sicherheit.

Und ein paar Jahre später, am 20. Mai 2020, wurde „Bella ciao", genauer gesagt, die türkische Version der „Grup Yorum", zu einem großartigen Sabotageakt benutzt. Mitten im Ramadan hatten Unbekannte die Lautsprecheranlage mehrere Moscheen in Izmir manipuliert, sodass statt des Gesangs des Muezzins die Partisanenhymne aus den Lautsprechern ertönte. Die Reaktion erfolgte sofort und landesweit: Während über soziale Medien Aufnahmen der „musikalischen Sabotage" kursierten, verurteilte Staatspräsident Erdogan die Aktion, andere Politiker sprachen von Provokation. Und es gab sogar Festnahmen unter denen, die das Lied über soziale Kanäle verbreitet hatten. Die Vizechefin der Oppositionspartei CHP von Izmir wurde ebenfalls festgenommen. Ihr Vergehen: Sie hatte die Noten des italienischen Originals über Twitter verbreitet. Die Initiatoren des Sabotageakts wurden hingegen nie gefasst.[144]

Auch in Kurdistan wird „Bella ciao" gesungen, in einer kurdischen Version: „Caw Bella". Die italienische Journalistin Antonella De Biasi hat einen kurdischen Aktivisten interviewt:

> „Ich erinnere mich, dass die Worte, die mich sofort getroffen haben, waren: ‚Oh Partisan, nimm mich mit'. Für mich sind dies Worte der Freiheit. Es ist nicht wichtig, ob du Türke, Kurde oder Italiener bist, das sind starke Worte. ‚Bella ciao' ist ein Lied, das dir eine positive Energie gibt, das dir Mut macht."

Hassan, so nennt sich der Interviewte, hörte das Lied zum ersten Mal in Istanbul.

> „Ich weiß noch, dass ich an einer Demonstration türkischer Arbeiter teilnahm, und ich hörte es auf Türkisch. Meine Muttersprache ist Kurdisch, aber auch auf Türkisch hat es mich sehr beeindruckt. Ich war 16 Jahre alt und ging aufs Gymnasium."[145]

„Bella ciao“ auf Kurdisch wird gesungen in den Bergen Kurdistans, bei kulturellen und politischen Veranstaltungen von Kurdinnen und Kurden in türkischen Großstädten oder bei den kurdischen Minderheiten in den europäischen Ländern. Die Berge sind sicher ein Element, dass das italienische Lied mit dem langen Kampf der kurdischen Unabhängigkeitsbewegung verbindet. Es wurde gesungen in Kobanê, wo sich kurdische Kämpferinnen und Kämpfer gegen den IS verteidigten, aber auch in verschiedenen Flüchtlingslagern.

Als am 12. Juni 2009 bei den Wahlen im Iran der konservative Kandidat Mahmud Ahmadinedschad als Sieger ausgerufen wurde, sprachen viele Iranerinnen und Iraner von Wahlbetrug. Überall im Land kam es zu Demonstrationen, die mehrere Monate andauerten und die Wiederholung der Wahlen forderten. Als Zeichen trugen die Demonstrierenden grüne Stirnbänder, was der Bewegung den Namen „grüne Bewegung“ oder „grüne Revolution“ einbrachte. Die Polizei ging mit äußerster Härte gegen die Demonstrierenden vor und es gab sehr viele Tote.[146] Im Rahmen dieser Demonstrationen wurde oft „Bella ciao“ gesungen, mit einem neuen Text auf Farsi.[147]

Von Oktober 2019 bis Februar 2020 zeigte sich im Irak eine Bewegung, die sich in Massendemonstrationen, Streiks und Protestaktionen äußerte. Sie richteten sich gegen die korrupte Regierung und für ein neues politisches System. Auch hier spielte „Bella ciao“ eine Rolle als Widerstandslied.

Im journalistischen Blog „Ruhrbarone“ wird ein Augenzeuge einer Protestaktion aus Mossul zitiert:

> „Am Tigris-Ufer in der irakischen Hauptstadt Bagdad haben Demonstranten ein leer stehendes Hochhaus besetzt. Sie sitzen in den Fenstern und auf dem Dach. Am Ufer gegenüber liegt das Regierungsviertel, die so genannte Grüne Zone. Auf der Brücke dazwischen steht Miliz und schießt Tränengasgranaten rüber. Jeden Morgen rufen die Demonstrierenden aus dem Hochhaus ‚Und, was habt ihr heute für uns?‘ Dazu dröhnt aus den Boxen ‚Bella ciao‘. Hunderttausende singen mit.“[148]

Auch in der Hauptstadt Bagdad wird der Protest mit „Bella ciao“ geäußert. Auf dem Tahrir-Platz hören die Demonstranten eine arabische Version, und zwar angelehnt an den italienischen Text der Reisarbeiterinnen: „Eine unwürdige Arbeit für einen Hungerlohn/und das Leben wird davon aufgezehrt.“[149]

„Bella ciao" im Fußballstadion

Auch Fußballfans haben sich dieses Liedes angenommen. Die traditionell links eingestellten Fans des italienischen Zweitligisten AS Livorno singen das Lied gerne, und ganz besonders bei Auswärtspartien bei Vereinen mit eher rechtslastigen Fans. Es gibt einige Videoaufnahmen, in denen das Lied aber eher gegrölt als gesungen wird.

Auch die Fans des dänischen Fußballvereins Bröndby Kopenhagen haben „Bella ciao" zu ihrer Hymne gemacht, allerdings mit einem eigenen dänischen Text, der mit dem Ursprung des Liedes nichts mehr zu tun hat.

Am 29. Mai 2010 feierte der FC St. Pauli sein 100. Vereinsjubiläum mit einem Konzert im Millerntorstadion. Eine der Gruppen, die dort auftraten, war die italienische Ska-Rockband Talco aus Mestre bei Venedig. Sie ist bei St. Pauli-Fans sehr beliebt, da sie u.a. ein Stück über die Fans des FC St. Pauli geschrieben hat („Pirati a St. Pauli"). An diesem Abend im ausverkauften Stadion beendete Talco den Auftritt mit ihrer Version von „Bella ciao" und alle sangen mit, zumindest den Refrain. Auch dieser Moment wurde festgehalten: Es gibt eine DVD des gesamten Konzerts und auch im Internet findet sich Talcos Version von „Bella ciao".

Der brasilianische Spieler Alexandre Pato, der von 2007 bis 2013 beim AC Mailand gespielt hatte, verschickte 2018 ein Video, in dem er als Hommage an seine Zeit in Italien „Bella ciao" singt. Im Hintergrund läuft als Vorlage die Stelle in „La casa de papel", in der die Protagonisten das Lied singen.

Anfang Juli 2021 wechselte der albanische Verteidiger Elsaid Hysaj vom SSC Neapel zu Lazio Rom. Zur Begrüßung der Lazio-Fans sang Hysaj „Bella ciao", das er aus der Netflix-Serie kannte. Was Hysaj offenbar nicht wusste, war dass „Bella ciao" ein antifaschistisches Lied ist, und was er wohl auch nicht wusste: Lazio Rom hat einen großen Anhang faschistischer Fans, die diesen Song als Provokation empfanden. Sie griffen Hysaj persönlich an und hängten gleich ein Banner auf: „Hysaj ist ein Wurm. Lazio ist faschistisch".[150] Allerdings hätte Hysaj das wissen müssen, schließlich spielt er schon länger in der italienischen Liga, und dass Lazio faschistische Fans hat, ist eine weithin bekannte Tatsache.

Die Aktualität von „Bella ciao“

Eine weitere aktuelle Version des Liedes stammt aus der Klimaschutzbewegung. In Belgien wurde das Lied ab 2012 gesungen. Es lautet folgendermaßen:[151]

We need to wake up, we need to wise up
We need to open our eyes
and do it now, now, now!
We need to build a better future
And we need to start right now

Wir müssen aufwachen, müssen's begreifen
Wir müssen die Augen aufmachen
und zwar jetzt, jetzt, jetzt!
Wir müssen eine neue Zukunft schaffen
Und anfangen müssen wir gleich jetzt.

We're on a planet that has a problem
We've got to solve it, get involved
and do it now, now, now!
We need to build a better future
And we need to start right now

Unser Planet hat ein Problem
Wir müssen es lösen, müssen uns einmischen
und zwar jetzt, jetzt, jetzt!
Wir müssen eine neue Zukunft schaffen
Und anfangen müssen wir gleich jetzt.

Make it greener, make it cleaner
Make it last, make it fast
and do it now, now, now!
We need to build a better future
And we need to start right now

Macht ihn grüner, macht ihn sauberer
Macht es dauerhaft und schnell
und zwar jetzt, jetzt, jetzt!
Wir müssen eine neue Zukunft schaffen
Und anfangen müssen wir gleich jetzt.

No point in waiting or hesitating
We must get wise, take no more lies
and do it now, now, now!

We need to build a better future
And we need to start right now

Hat kein' Zweck zu warten oder zu zögern
Wir müssen's begreifen, keine Lügen mehr
und zwar jetzt, jetzt, jetzt!
Wir müssen eine neue Zukunft schaffen
Und anfangen müssen wir gleich jetzt.

Im März 2016 gingen in Frankreich, ausgehend von Paris, vor allem junge Menschen auf die Straße, um gegen die Politik der Regierung zu protestieren: gegen die Jugendarbeitslosigkeit, aber vor allem gegen ein geplantes Gesetz, das die Arbeitszeiten und die Tariflöhne deregulieren sollte. Tausende verbrachten die Nacht auf den Straßen („Nuits debout"). Die Bewegung weitete sich aus, die Gewerkschaften schlossen sich an und die Demonstrationen dauerten bis Ende Mai, Anfang Juni fort. Eines der Lieder, die allabendlich und die Nacht über gesungen wurden, war „Bella ciao".[152]

Das Lied wurde aber auch in Argentinien gesungen, und zwar im März 2018 bei Demonstrationen gegen den neoliberalen Präsidenten Mauricio Macri, und hier wurde der Refrain umgeschrieben in: „Macri Chau".[153]

Por la memoria, verdad y justicia
Y Macri chau Macri chau Macri chau chau chau
Por la memoria, verdad y justicia
Carcel para represor

Für die Erinnerung, Wahrheit und Gerechtigkeit
Und Macri ciao Macri ciao Macri ciao ciao ciao
Für die Erinnerung, Wahrheit und Gerechtigkeit
Gefängnis für den Unterdrücker

Por los ajustes y los despidos
Y Macri chau Macri chau Macri chau chau chau
Por los ajustes y los despidos
Lucha y movilización

Wegen der Umstrukturierung und der Entlassungen
Und Macri ciao Macri ciao Macri ciao ciao ciao
Wegen der Umstrukturierung und der Entlassungen
Kampf und Mobilisierung

Und ein Jahr später, im Mai 2019, gingen in Buenos Aires Feministinnen für die Legalisierung der Abtreibung mit demselben Refrain auf die Straße.[154] Aber es gab auch andere Textvarianten:

Este sistema que nos oprime
Caerá, caerá, caerá
Al patriarcado lo tireremos
Junto con el capital

Dieses System, das uns unterdrückt
Es fällt, es fällt, es fällt.
Das Patriarchat werden wir stürzen
Zusammen mit dem Kapital.

No te confundas yo ya alistada
Para marchar, a marchar, a marchar
Somos la nietas de aquella brujas
Que no pudiste quemar

Täusche dich nicht, ich bin schon angemeldet
Um zu marschieren, marschieren, marschieren
Wir sind die Enkelinnen der Hexen,
die du nicht verbrennen konntest.

Mauricio Macri
Salimos todas
A luchar, a luchar, a luchar
Esto es mi cuerpo y yo decido
Que el aborto sea legal

Mauricio Macri
Wir gehen alle auf die Straße
Um zu kämpfen, kämpfen, kämpfen
Dies ist mein Körper und ich entscheide
Dass Abtreibung legal sein soll.

Im November 2019 wollten mehrere Studenten in Bologna eigentlich nur zu einer Gegenkundgebung gegen einen Auftritt des rechten Politikers und damaligen Innenministers Matteo Salvini von der „Lega" aufrufen. Ihr Facebook-Aufruf sprach von „6.000 Sardinen", eine Zahl, die die Anzahl der Zuhörer übertreffen sollte, die zum Wahlkampfauftritt Salvinis kommen sollten. Es wurden am Ende 15.000 auf der Piazza Maggiore und sie drängten sich tatsächlich wie Sardinen. Einzige Bedingung für die Teilnahme war: keine Gewalt und keine

Parteisymbole oder –parolen. Schließlich wurde „Bella ciao“ gesungen, darauf konnten sich alle einigen. Die „Bewegung der Sardinen“ explodierte: Nach und nach kam es zu Kundgebungen in vielen italienischen Städten, überall war die Teilnehmerzahl höher als bei Salvinis Kundgebungen, und überall wurde „Bella ciao“ gesungen.[155]

Am 25. April 2020, dem Jahrestag der Befreiung, präsentierte der Liedermacher Francesco Guccini, seit den Siebzigerjahren in Italien für seine politischen Lieder bekannt, seine persönliche Version von „Bella ciao“. Im Zeichen des Lockdown hatten sich verschiedene Musiker unter dem Hashtag #iorestolibero (=Ich bleibe frei) verabredet, um sich jeder auf eigene Weise zum 25. April zu äußern.

Guccinis Version führte den ehemaligen Innenminister Matteo Salvini von der rechtspopulistischen „Lega“, Silvio Berlusconi und die Anführerin der italienischen Faschisten, Giorgia Meloni, in den Text ein. Das Video fand eine sehr schnelle Verbreitung und große Zustimmung.

Stamattina mi son svegliato
oh bella ciao, bella ciao, bella ciao ciao ciao,
Stamattina mi son svegliato
e ho trovato l'invasor.

Heute morgen bin ich aufgewacht
oh bella ciao, bella ciao, bella ciao ciao ciao,
Heute morgen bin ich aufgewacht
Und traf auf den Invasor.

C'era Salvini, con Berlusconi,
oh bella ciao, bella ciao, bella ciao ciao ciao,
con i fasci della Meloni,
che vorrebbero ritornar.

Da war Salvini mit Berlusconi,
oh bella ciao, bella ciao, bella ciao ciao ciao,
mit den Faschisten der Meloni,
die zurückkommen wollen.

Ma noi faremo la Resistenza,
oh bella ciao, bella ciao, bella ciao ciao ciao,
noi faremo la Resistenza,
come fecero i partigian

Aber wir leisten Widerstand
oh bella ciao, bella ciao, bella ciao ciao ciao,
Wir leisten Widerstand
Wie es die Partisanen taten.

Oh partigiano, portali via,
oh bella ciao, bella ciao, bella ciao ciao ciao,
Oh partigiano, portali via,
come il 25 aprile.

Oh Partisan, bring sie weg,
oh bella ciao, bella ciao, bella ciao ciao ciao,
Oh Partisan, bring sie weg,
Wie am 25. April.

Natürlich passte dies den Faschisten nicht. Sie beschwerten sich lautstark über den Text und unterstellten Guccini, er wolle sie liquidieren lassen. Sein Text sei „Anstiftung zum Hass".[156]

Es gibt auch eine neue chilenische Version, die die Gruppe Quilapayún im Jahr 2020 veröffentlichte. Der aktuelle Anlass war die Bewegung gegen die rechtsgerichtete Regierung von Sebastián Piñera, die im Oktober 2019 begann, ausgelöst von Fahrpreiserhöhungen im öffentlichen Nahverkehr. Doch es ging um mehr: um den Kampf gegen die neoliberale Politik, die seit dem Militärputsch von 1973 Chile heimgesucht hat, um ein kostenloses Bildungssystem und gegen die soziale Ungleichheit, für eine neue Gesellschaft:

Una mañana se alzó mi pueblo
O bella ciao, bella ciao, bella ciao, ciao ciao
Una mañana se alzó mi pueblo
Por una nueva sociedad

Eines Morgens erhob sich mein Volk
O bella ciao, bella ciao, bella ciao, ciao ciao
Eines Morgens erhob sich mein Volk
Für eine neue Gesellschaft

Llenando alegre las alamedas
O bella ciao, bella ciao, bella ciao, ciao ciao
Llenando alegre las alamedas
Con sus banderas por la paz

Sie füllten fröhlich die Straßen
O bella ciao, bella ciao, bella ciao, ciao ciao
Sie füllten fröhlich die Straßen
Mit ihren Fahnen für den Frieden

La primavera trajo ese día
O bella ciao, bella ciao, bella ciao, ciao ciao
La primavera trajo ese día
Los nuevos vientos de hermandad

Der Frühling brachte diesen Tag
O bella ciao, bella ciao, bella ciao, ciao ciao
Der Frühling brachte diesen Tag
Die neuen Winde der Brüderlichkeit

El alma llena como las calles
O bella ciao, bella ciao, bella ciao, ciao ciao
El alma llena como las calles
De luces de fraternidad

Die Seele angefüllt wie die Straßen
O bella ciao, bella ciao, bella ciao, ciao ciao
Die Seele angefüllt wie die Straßen
Vom Licht der Brüderlichkeit

Vengan chilenos despierten todos
O bella ciao, bella ciao, bella ciao, ciao ciao
Vengan chilenos despierten todos
A rescatar la dignidad

Kommt, Chilenen, wacht alle auf
O bella ciao, bella ciao, bella ciao, ciao ciao
Kommt, Chilenen, wacht alle auf
Um die Würde zu retten

Marchemos juntos brazo con brazo
O bella ciao, bella ciao, bella ciao, ciao ciao
Marchemos juntos brazo con brazo
En un clamor de libertad

Marschieren wir zusammen Arm in Arm
O bella ciao, bella ciao, bella ciao, ciao ciao
Marschieren wir zusammen Arm in Arm
In einem Ruf nach Freiheit

Im Herbst und Winter 2020 sangen indische Bauern und Landarbeiter aus dem Punjab bei Protestzügen gegen die Agrarpolitik der Regierung und bei Blockaden in der Hauptstadt Delhi „Bella ciao" auf Punjabi. Der Text wurde an ihre aktuellen Lebensbedingungen und an ihren Kampf angepasst. Der Titel heißt "Wapas Jao" („Geh zurück"). Autor des neuen Textes ist der 27jährige Lehrer Poojan Sahil aus Delhi.

Er hatte das Lied in der Netflix-Serie „Casa de papel“ gehört und den Text für die Bauernbewegung umgeschrieben.

Wapas Jao (Geh zurück)

We have left all inhibitions behind us
Singing oh merciless, go back, go back
Each grain of soil sings in chorus
Oh merciless, go back.

Wir haben alle Hemmungen hinter uns gelassen
Und singen: Oh Erbarmungsloser, geh zurück, geh zurück!
Jedes Körnchen Erde singt im Chor
Oh Erbarmungsloser, geh zurück!

The dark dense night is trying to confine us
But the dawn of the day sings breaking all shackles
Oh merciless, go back, go back
The people are waking from the dark night
Pray, for it is the count-down to your end
Everyone's cry is go back.

Die dunkle, dichte Nacht versucht uns einzuengen
Aber der Tagesanbruch singt und sprengt alle Fesseln
Oh Erbarmungsloser, geh zurück, geh zurück!
Die Menschen erwachen aus der dunklen Nacht,
Bete, denn das ist der Countdown zu deinem Ende
Alle rufen: Geh zurück!

Loud determined voices have declared we reject you
Oh merciless, go back, go back
To your black murderous laws
We reply, oh merciless, go back

Laute, entschlossene Stimmen haben erklärt, wir weisen dich zurück
Oh Erbarmungsloser, geh zurück, geh zurück!
Auf deine schwarzen, mörderischen Gesetze
Antworten wir, oh Erbarmungsloser, geh zurück!

We have left all inhibitions behind us
Singing, oh merciless, go back, go back
Each grain of soil sings in chorus
Oh merciless, go back.
Oh merciless, go back.

Wir haben alle Hemmungen hinter uns gelassen
Und singen: Oh Erbarmungsloser, geh zurück, geh zurück!

Jedes Körnchen Erde singt im Chor
Oh Erbarmungsloser, geh zurück!
Oh Erbarmungsloser, geh zurück!

Bereits wenige Monate zuvor hatte Sahil schon eine Version auf Hindi für die indische Studentenbewegung geschrieben.[157]

Auch in Myanmar ist das Lied bekannt. Im Laufe der Studentenbewegung gegen das vom Militär kontrollierte autoritäre Regime entstand eine Version auf Birmanisch. Autor des Textes ist der Aktivist Zin Linn und er sang es zusammen mit seiner Band „Angry Folks". „Bella ciao" wird auch bei Demonstrationen oder Streiks gesungen. Nachdem am 1. Februar 2021 das Militär durch einen Putsch direkt an die Macht gelangte, verschärften sich die Auseinandersetzungen. Die Aktivisten nannten sie die „Frühjahrsrevolution".[158] Eine neue Punkversion des Liedes wurde von der Gruppe „The Rebel Riot Band" im Internet lanciert.[159] Die Rebel Riot Band entstand 2015 während der Studentenproteste.

A revolution awakenes the land
Bella ciao bella ciao bella ciao ciao ciao
Oh the land it has awoken
And it shall never sleep again

Eine Revolution weckt das Land auf
Bella ciao bella ciao bella ciao ciao ciao
Oh das Land, es ist erwacht
Und es wird nie wieder schlafen.

Ground below it is shaking
Bella ciao bella ciao bella ciao ciao ciao
Oh the ground is fucking shaking
And you will topple soon.

Der Boden unter uns ist am Beben
Bella ciao bella ciao bella ciao ciao ciao
Oh der Boden ist mächtig am Beben
Und du wirst bald stürzen.

My love my darling
Bella ciao bella ciao bella ciao ciao ciao
Oh my love my anarchist
Let's rip out the rotten roots.

Meine Liebste mein Schatz
Bella ciao bella ciao bella ciao ciao ciao

Oh meine Liebste, mein Anarchist
Lass uns die faulen Wurzeln ausreißen

And if we die on the streets today
Bella ciao bella ciao bella ciao ciao ciao
And if we fucking die today
We can know we did once live.

Und wenn wir heute auf der Straße sterben
Bella ciao bella ciao bella ciao ciao ciao
Und wenn wir verdammt nochmal heute sterben
Dann wissen wir, dass wir gelebt haben.

„Bella ciao" wird also rund um den Globus gesungen und ist ein universelles Phänomen. Was macht nun den Erfolg von „Bella ciao" aus? Die Melodie ist eingängig, nicht zu kompliziert und leicht nachzusingen und besonders der Rhythmus des Refrains prägt sich schnell ein. Verstärkt wird der Effekt sicher auch durch die Verknüpfung mit den beiden fast magischen Worten „Bella" und „Ciao", die auch alle, die des Italienischen nicht mächtig sind, sofort verstehen können. Auch der Anfang des Textes ist universell: „Una mattina mi son svegliato – Eines Morgens bin ich aufgewacht". Es erinnert an eine im Blues häufig benutzte Zeile: „I woke up one morning ..." und dann passiert etwas Wegweisendes, oft Trauriges oder Dramatisches, was in der Folge besungen wird.

Der Text erzählt eine Geschichte, die eben nicht nur in Italien während der deutschen Besatzung aktuell war, sondern in vielen Ländern der Welt auf Interesse stößt und von vielen Menschen als Thema angenommen wird. Die Geschichte, die erzählt wird, kann überall spielen, wo sich Menschen gegen Unterdrückung wehren, und es muss auch kein ausländischer „Invasor" sein, sondern es kann auch die eigene Regierung sein, gegen die Widerstand geleistet wird, gegen die Menschen auch im übertragenen Sinn „in die Berge" gehen.

Der italienische Theatermacher Moni Ovadia bringt die Bedeutung des Liedes auf den Punkt:

> „Ich habe immer gedacht, dass die Fähigkeit eines Liedes, Zusammenhalt, Emotion und Beteiligung zu erzeugen, der Beweis für die Universalität ist, über Grenzen, Nationalitäten, Regierungssysteme und sogar kulturelle und sprachliche Differenzen hinweg, die den Ausdruck der Schönheit und des vielfältigen Genius einer gemeinsamen Zugehörigkeit zur Menschheit und eines einzigen

Schicksals repräsentieren: das geteilte Schicksal der Leidenschaft für den Wert der Freiheit.

Aus diesem Grund ist *Bella ciao* auch universell in der Ablehnung, die es bei Faschisten und Reaktionären erzeugt, in welcher Verkleidung sie sich auch präsentieren, und im Ärger, den es bei sogenannten Gemäßigten hervorruft, die nicht vor bestimmte grundlegende Entscheidungen gestellt werden möchten."[160]

An Ablehnungen mangelt es im heutigen Italien wirklich nicht. Politiker der Lega und offen faschistischer Parteien treten regelmäßig gegen „Bella ciao" auf. Mal verbieten rechte Bürgermeister das Abspielen oder Singen von „Bella ciao" in den Räumen des Rathauses zum Jahrestag des 25. April, mal wird das Lied als „politische Propaganda" bezeichnet, die gegen das „Neutralitätsgebot" verstoße. Selbst in Kindergärten wittern rechte Politiker eine „politische Indoktrination" der Kinder durch das Partisanenlied. Dabei hatten Erzieherinnen einer Kita in Bologna nur das Kinderlied „La mia nonna è vecchierella" vorgespielt.[161] Es herrscht manchmal ein regelrechter Kulturkampf und klar ist: Das antifaschistische Lied ruft in gewissen Kreisen starken Widerwillen hervor.

Der katalanische Liedermacher Miquel Pujadó sagte über „Bella ciao":

> „Mir ist klar geworden, dass die große Stärke von ‚Bella ciao' darin liegt, dass es eine Geschichte erzählt, die von Kampf, von Mut und von menschlicher Verantwortung für ein ganzes Kollektiv erzählt und dabei eine unkonventionelle Erzählweise verfolgt, die aus Ellipsen besteht, in denen die Zuhörer gezwungen sind, die Leerstellen mit ihrer Phantasie auszufüllen. ‚Bella ciao' ist ein zugleich erzählendes als auch evokatives Lied und speist sich auch aus der mündlichen Tradition. Wie viele Personen aus Erzählungen und Volksliedern sterben, werden begraben und überleben auf irgendeine Weise durch einen Baum oder eine Pflanze, die ihre Lebensenergie absorbieren, und machen sie dadurch unsterblich für diejenigen, die sie geliebt haben? [...] Es ist eines der Lieder, die dich dein ganzes Leben begleiten und Teil deiner DNA sind und dich daran erinnern, dass die Freiheit ein unverzichtbares Gut ist, für das man nie aufhören sollte zu kämpfen."[162]

„Bella ciao“ hat tatsächlich etwas Zeitloses an sich. Manche politischen Lieder repräsentieren eine bestimmte Epoche, stehen für eine bestimmte Bewegung, eine bestimmte ideologische Richtung oder für eine bestimmte Zeit und werden dann auch nur noch in diesem Kontext betrachtet oder gesungen. Für unser Lied trifft das nicht zu, weil es etwas Unbestimmtes, etwas Unkonkretes an sich hat, das viel Platz für Phantasie und eigene Projektionen lässt. Nur so ist es zu erklären, dass sich Menschen in mehreren arabischen Ländern daran erinnern und es aufgreifen oder dass ein iranischer Filmemacher im Jahr 2020 das Lied als Soundtrack benutzt oder ein indischer Lehrer es in einer spanischen Netflixserie hört und daraus sein Kampflied für die Bauern aus dem Punjab macht. Universeller kann ein Lied nicht sein. Auch wenn sich der Erfolg eines Liedes nicht gänzlich erklären lässt und ein gewisser Mythos vielleicht auch eine Rolle spielen mag: „Bella ciao“ ist das universelle Lied der Freiheit und es wird auch in Zukunft noch eine Rolle spielen, in welcher Sprache, in welcher sozialen Bewegung das auch immer sein wird.

Una mattina mi son svegliato,
o bella, ciao! bella, ciao! bella, ciao, ciao, ciao!
Una mattina mi son svegliato,
e ho trovato l'invasor.

Eines Morgens bin ich aufgewacht
O bella ciao, bella ciao, bella ciao ciao ciao
Eines Morgens bin ich aufgewacht
Und traf auf den Invasor.

O partigiano, portami via,
o bella, ciao! bella, ciao! bella, ciao, ciao, ciao!
O partigiano, portami via,
ché mi sento di morir.

O Partisan, bring mich weg
O bella ciao, bella ciao, bella ciao ciao ciao
O Partisan, bring mich weg
Denn ich fühle, dass ich sterbe.

E se io muoio da partigiano,
o bella, ciao! bella, ciao! bella, ciao, ciao, ciao!
E se io muoio da partigiano,
tu mi devi seppellir.

Und wenn ich sterbe als Partisan
O bella ciao, bella ciao, bella ciao ciao ciao
Und wenn ich sterbe als Partisan
Dann musst du mich begraben.

E seppellire lassù in montagna,
o bella, ciao! bella, ciao! bella, ciao, ciao, ciao!
E seppellire lassù in montagna,
sotto l'ombra di un bel fior.

Und begraben da oben auf dem Berge
O bella ciao, bella ciao, bella ciao ciao ciao
Und begraben da oben auf dem Berge,
unter dem Schatten einer schönne Blume.

Tutte le genti che passeranno,
o bella, ciao! bella, ciao! bella, ciao, ciao, ciao!
Tutte le genti che passeranno,
Mi diranno «Che bel fior!»

Alle Leute, die vorbeigehen,
O bella ciao, bella ciao, bella ciao ciao ciao
Alle Leute, die vorbeigehen,
werden mir sagen „Was für eine schöne Blume!"

«È questo il fiore del partigiano»,
o bella, ciao! bella, ciao! bella, ciao, ciao, ciao!
«È questo il fiore del partigiano,
morto per la libertà! »

„Das ist die Blume des Partisanen",
O bella ciao, bella ciao, bella ciao ciao ciao
"Das ist die Blume des Partisanen,
der für die Freiheit starb!"

Zum Autor

Andreas Löhrer, 1956 in Mannheim geboren, lebt als Literaturübersetzer (Italienisch, Spanisch, Französisch) in Hamburg. Er übersetzte u.a. Biographien über Michail Bakunin, Che Guevara und Frantz Fanon, Romane von Pino Cacucci, Maurizio Maggiani und Paco Ignacio Taibo II und Lyrik und Romane von Nanni Balestrini.

Sein Studium der Romanistik und Geschichte führte ihn 1979 auch an die Universität von Perugia, wo er zum ersten Mal einem ehemaligen italienischen Partisan begegnete. Es folgten weitere Begegnungen und eine intensive Beschäftigung mit diesem Thema.

Die Übersetzungen der Liedtexte aus dem Italienischen, Französischen, Englischen, Katalanischen, Spanischen und Türkischen stammen alle vom Autor.

Der Autor dankt Stefano Arrighetti vom Istituto Ernesto De Martino in Sesto Fiorentino und Cesare Bermani für ihre Auskünfte.

Versionen von „Bella ciao“

1962	Yves Montand: Souvenir Italiano. Philips
1963	Coro Stella Alpina: Canti della Resistenza Combo
	Canti delle Resistenza Italiana 2 03. Bella ciao - Nuovo Canzoniere Italiano I Dischi del Sole
1964	Il Nuovo Canzoniere Italiano: Le Canzoni di Bella ciao. Spoleto, 1964 I Dischi del Sole
1965	Giorgio Gaber: O bella ciao POP Neuauflage CD Collezione Singoli 1965/1967 MBO
	Milva – Bella Ciao Bella Ciao (Canto delle mondine) Bella Ciao ((Canto dei partigiani) Cetra
1969	Quilapayún: Basta DICAP
1971	Il contemporaneo: Zeitgenossen Pläne
1972	Pietà l'è morta. Canti della Resistenza Italiana I Dischi del Sole
1973	Politische Lieder – Originalaufnahmen von den Tagen des Politischen Liedes zu den X. Weltfestspielen. Il Contemporaneo: Bella ciao Eterna

1974 Duo di Piadena: Il vento fischia ancora
Cetra

1975 Giovanna Daffini: Amore mio non piangere
I Dischi del sole

1977 Hannes Wader singt Arbeiterlieder
Bella Ciao (Lied der italienischen Partisanen)
Philips

Canzoniere Delle Lame – Gramsci e Togliatti non vi abbiam scordati
Zodiaco

1978 Maria Farandouri: Bella ciao
Fidelio

1980 Canzoniere Delle Lame – Scarpe nuove eppur bisogna andare
Sold Out

Canzoniere Delle Lame – Bandiera rossa
Amiga

1982 Zupfgeigenhansel: Miteinander
Bella Ciao
Musikant

1991 Giovanna Daffini: L'amata genitrice
I dischi del mulo

Grup Yorum – Haziranda Ölmek Zor
Cav Bella
Cem

1993 Modena City Ramblers: Combat Folk

Banda Bassotti – Bella Ciao
Gridalo Forte

1994	Modena City Ramblers: Riportando tutto a casa Blackout
1995	Materiale resistente 1945–1995 02. Ciao bella - Officine Schwartz 14. Bella ciao - Modena City Ramblers CPI
2001	Anita Lane: Sex O'Clock Mute
	Wader, Wecker: Was für eine Nacht pläne
2003	Mey, Wader, Wecker – Das Konzert pläne
2005	Yo Yo Mundi: Resistenza Il Manifesto Modena City Ramblers: Appunti partigiani 1945–1995 01. Bella ciao (mit Goran Bregovic) Mescal
	Chumbawamba: A Singsong and a Scrap Edel
2006	Talco: Combat Circus Black Butcher Records
2007	Les Ramoneurs DeMenhirs – Dañs An Diaoul Bell'ARB Folklore de la zone mondial
2008	Modena City Ramblers Bella Ciao – Italian Combat Folk for the masses Mescal
2012	Goran Bregovic: Champagne for Gypsies. Cartell

2013 Bella Ciao – 20 Versions Plus Bonustracks.
Das Hörwerk

2015 Riccardo Tesi u.a.: Bella Ciao
Visage music

Marina Rosell: Cançons de la resistència
Bella, ciao
Satélite K

2016 Diego Moreno: Che Vive! 30 Canciones Revolucionarias!
Bella Chao
Intermezzo

2018 Marc Ribot: Songs of Resistance
Tom Waits: Bella Ciao (Goodbye beautiful)
Noise

Konstantin Wecker: Sage Nein! (Antifaschistische Lieder: 1978 bis heute).
Sturm und Klang

2019 Marina Rossell canta Moustaki y canciones de la resistencia.
Bella Ciao
Satélite K

Marlene Kuntz + Skin
Bella Ciao
Ala Bianca

2021 Riccardi Tesi u.a.: A Sud di bella Ciao.
Visage Music

DVD

1995 Guido Chiesa u. Davide Ferrario: Materiale resistente 1945–1995
rossofuoco

2005 Yo Yo Mundi: Resistenza. 15 gennaio 2005. La Banda Tom e altre storie partigiane
Il manifesto

2011 Rudi Gaul: Wader Wecker Vaterland
Zero Film

2013 Die Junge Welt ist in Berlin zu Gast.
Il Canzoniere delle Lame: Bella ciao
Sony

Dokumentarfilm

2021 Bella Ciao, Song of Rebellion.
Millstream Films and Media, Ala Bianca, Lilium Distribution

2022 Giulia Giapponesi: Bella ciao – per la libertà
RAI 3

Historische Chronologie[163]

30. Oktober 1922 König Vittorio Emanuele III. ernennt Benito Mussolini zum Regierungschef.

10. Juni 1925 Ermordung des Sozialistenführers Giacomo Matteotti durch Faschisten.

1925/26 Gleichschaltung aller Institutionen und Verbot aller Parteien.

3. Oktober 1935 Beginn des Abessinienkrieges.

22. Mai 1939 Stählerner Pakt zwischen Italien und Deutschland.

10. Juni 1940 Italien tritt an der Seite Deutschlands in den Zweiten Weltkrieg ein

26. Juni 1941 Italien entsendet ein Russland-Korps zur Unterstützung der Wehrmacht.

Dezember 1942 Niederlage und Beginn des Rückzugs des Russland-Korps.

1943

5.-10. März Streiks in den wichtigsten Fabriken Norditaliens.

11. Mai Niederlage und Ende der Kampfhandlungen Italiens in Nordafrika.

9. Juli Landung der Alliierten auf Sizilien

25. Juli Der faschistische Großrat entmachtet Mussolini, der verhaftet wird, und überträgt die politische Macht an König Vittorio Emanuele III. Marschall Badoglio wird vom König mit der Regierungsbildung beauftragt und verkündet die Fortsetzung des Krieges als Verbündeter von Deutschland.

3. September Geheimer Waffenstillstand der italienischen Armee mit den Alliierten.

8. September Der Waffenstillstand wird öffentlich gemacht.

9. September Flucht des Königs und von Badoglio. Armee und Staatsapparat lösen sich auf.

In Rom wird das Nationale Befreiungskomitee (CLN) gegründet, bestehend aus mehreren Oppositionsparteien: Kommunisten, Sozialisten, Aktionspartei, Christdemokraten und Liberale.

Landung der Alliierten in Salerno bei Neapel.

Besetzung Nord- und Mittelitaliens durch die Wehrmacht. Hunderttausende italienische Soldaten werden verhaftet und in Deutschland interniert.

12. September Mussolini wird von deutschen Fallschirmjägern befreit und nach Deutschland gebracht.
Gründung der ersten Partisaneneinheit bei Cuneo im Piemont.

18. September Aus München verkündet Mussolini per Radio die Gründung der „Italienischen Sozialen Republik" (RSI), auch „Republik von Salò".

19. September Erstes Massaker der SS als Repressalie gegen Partisanen und Zivilbevölkerung in Boves (Cuneo).

20. September Gründung der „Garibaldi-Brigaden". Kommandant ist Luigi Longo.

7. Oktober Aufruf des CLN, nicht mit den Deutschen zusammenzuarbeiten und die Deportation nach Deutschland zu verhindern.

27. Oktober Gründung der Armee der „Republik von Salò".

4. November Einberufung der ersten Jahrgänge in die Armee der RSI. Viele junge Männer schließen sich daraufhin den Partisanen an, um der Einberufung oder der Deportation nach Deutschland zu entgehen.

7. November Anschlag der GAP (Gruppen der patriotischen Aktion), einer städtischen Partisaneneinheit, auf das deutsche Kommando am Mailänder Hauptbahnhof

Mitte Nov. Streiks bei FIAT in Turin und in anderen Fabriken Norditaliens

1944

22. Januar Landung der Alliierten in Anzio südlich von Rom.

2. Februar Gründung der ersten Partisanenrepublik in Corniolo (Emilianischer Apennin).

11. Februar Badoglio geht nach Salerno und übernimmt die Verwaltung von Sizilien und Süditalien, die von den Alliierten militärisch besetzt sind.

26. Februar Das CLN ruft die Bevölkerung auf, Kriegsdienstverweigerer und Deserteure zu unterstützen.

1. März Partisanen verhindern im Piemont die Deportation italienischer Arbeiter nach Deutschland.

1.-7. März Streiks in allen wichtigen Fabriken Norditaliens: Mailand, Turin, Genua, Bologna, Padua usw.

4.-11. März Durchkämmungsaktionen der Wehrmacht gegen die Partisanen im Piemont.

23. März Attentat in Rom auf eine Südtiroler Militärkolonne mit 33 Toten.
24. März Massaker in den Ardeatinischen Höhlen an 335 Gefangenen als Repressalie.
17. April Rücktritt der Regierung Badoglio.
22. April Gründung einer Regierung der Nationalen Einheit unter Beteiligung aller politischen Kräfte.
4. Juni Befreiung von Rom durch die Alliierten.
6. Juni Landung der Alliierten in der Normandie.
Der britische General Harold Alexander fordert die Italiener zum Kampf gegen die Deutschen auf.
11. Juni Gründung der Partisanenrepublik im Val Sesia (Piemont).
18. Juni Gründung der Partisanenrepublik von Montefiorino (Emilianischer Apennin).
30. Juni Gründung der Partisanenrepubliken von Val Maira und Val Varaita (Piemont).
19. Juli Befreiung von Livorno durch US-Militäreinheiten.
11. August Befreiung von Florenz durch die Alliierten nach zweitägigen Kämpfen zwischen Deutschen und Partisanen.
12. August Massaker der SS an Zivilisten in Sant'Anna di Stazzema (Toskana).
2. September Befreiung von Pisa durch Alliierte und Partisanen.
10. September Gründung der Partisanenrepublik im Val d'Ossola (Piemont).
29. September Massaker der SS in Marzabotto (Emilianischer Apennin).
10. Oktober Befreiung von Alba (Piemont) durch Partisanen.
27. Oktober Der alliierte Vorstoß endet an der Gotenlinie, der Verteidigungslinie der Deutschen südlich des Apennins vom Mittelmeer bis zu Adria.
2. November Abzug der Partisanen aus Alba.
13. November General Alexander fordert die Partisanen auf, den Kampf einzustellen und erst im nächsten Frühjahr wieder aufzunehmen.

1945

14. Januar General Mark Clark, Nachfolger von General Alexander, kündigt die volle Unterstützung der Partisanen durch die Alliierten an.

3. Februar Aufruf des Partisanenkommandos, den Widerstand im Hinblick auf einen Aufstand zur Befreiung zu verstärken.
3. März Geheimverhandlungen über eine Kapitulation zwischen SS und Alliierten.
13. März Mussolini verhandelt mit den Alliierten über Kapitulation und freien Abzug. Die Bedingungen werden von den Alliierten abgelehnt.
28. März Streiks in vielen Fabriken der Lombardei.
4. April Aufruf des Generalkommandos für das besetzte Italien zur Kapitulation an die italienischen Faschisten.
5. April Wiederbeginn der alliierten Offensive gegen die Gotenlinie.
10. April Streiks in den Fabriken von Mailand und Umgebung.
16. April Streiks in Mailand und Genua.
21. April Befreiung von Bologna und Ferrara durch Partisanen.
23. April Aufstand in Genua. Befreiung durch die Alliierten.
25. April Das Nationale Befreiungskomitee ruft zum allgemeinen Aufstand auf.
25. April Befreiung von Mailand durch Partisanen.
26. April Aufstand in Turin.
27. April Befreiung von Turin durch Partisanen
Mussolini wird beim Versuch, in die Schweiz zu flüchten, in Como festgenommen.
Befreiung von Mailand und weiterer norditalienischer Städte.
28. April Mussolini wird in Como erschossen.
Befreiung weiterer norditalienischer Städte
29. April Kapitulationserklärung der deutschen Besatzungstruppen in Italien, der am 2. Mai in Kraft tritt.
Befreiung von Venedig.
3. Mai Das Vereinigte Partisanenkommando erklärt den Krieg für beendet.

Literatur

Banjo. Musik 7-10. Hg. v. Dieter Clauß, Martin Geck, Hans-Joachim Kemen u. Gottfried Küntzel. Stuttgart 1979.

Nanni Balestrini: Una mattina ci siam svegliati. Mailand 1995.

Cesare Bermani: Giovanna Daffini e Il Nuovo Canzoniere Italiano, in: Giovanna Daffini: L'amata genitrice. Atti del Convegno. Hg. von Cesare Bermani. Gualtieri 1992, S. 21–38.

Cesare Bermani: Una storia cantata. Mailand 1997.

Cesare Bermani: „La 'vera' storia di 'Bella ciao'". in: Cesare Bermani: "Guerra Guerra ai palazzi e alle chiese …". Saggi sul canto sociale. Rom 2015.

Cesare Bermani: L'origine di ‚Fischia il vento', in: Bermani: Guerra, Guerra, S. 202.

Cesare Bermani: Bella ciao. Storia e fortuna di una canzone. Novara 2020.

Horst Berner: Singen, das macht Laune. Lieder, Quodlibets und Kanons für jung & alt. Zentralhaus-Publikation Leipzig 1987.

Erwin Breßlein: Rückblick auf die Weltfestspiele I bis VIII (1947–1962). Politik und Zeitgeschichte, Bd. 22, 1973.

Italo Calvino: Wo Spinnen ihre Nester bauen. Aus dem Italienischen von Thomas Kolberger. München 1992.

Janna Carioli: Gli anni che cantano. Il Canzoniere delle Lame di Bologna. Udine 2010.

Giuseppe Cocchiara: L'anima del popolo italiano nei suoi canti. Mailand 1929.

Giovanna Daffini: L'amata genitrice. Atti del Convegno. Hg. von Cesare Bermani. Gualtieri 1992.

Diether Dehm: Bella Ciao. Berlin 2007.

Antonella De Biasi: "Bella ciao", le montagne e il cuore dei curdi, in: Patria indipendente (Zeitung des italienischen Partisanenverbands ANPI, Nr. 96, 29. Juli 2021.

Luis Díaz Viana: Cancionero popular de la guerra civil española. Madrid 2007.

Antonio Fanelli: Contro Canto. Le culture di protesta dal canto sociale al rap. Rom 2017.

Beppe Fenoglio: Il partigiano Johnny. Turin 2014.

Beppe Fenoglio: Appunti partigiani '44–'45. Turin 2007.

Marcello Flores und Mimmo Franzinelli: Storia della Resistenza. Bari 2019.

Marcello Flores: Bella ciao. Mailand 2020.
Filippo Focardi: Gedenktage und politische Öffentlichkeit in Italien 1945–1995, in: Christoph Cornelißen, Lutz Klinkhammer u. Wolfgang Schwendtker: Erinnerungskulturen: Deutschland, Italien und Japan seit 1945. Frankfurt am Main 2003, S. 210–221.
Frisch auf singt, all ihr Musici. Lehrbuch für 7. und 8. Klasse. Volk und Wissen: Berlin 1961.
Ruggero Giacomini: Bella ciao. La storia definitiva della canzone partigiana che dalle Marche ha conquistato il mondo. Rom 2021.
Good-bye memories? Lieder im Generationengedächtnis des 20. Jahrhunderts. Hg. v. Barbara Stambolis u. Jürgen Reulecke. Essen 2007.
Hervé Hamon und Patrick Rotman: Yves Montand. Du siehst, ich habe nicht vergessen. Aus dem Französischen von Christel Gersch und Joachim Meinert. Berlin 1995.
Hootenanny '66 – Podiumsgespräch. Festival Musik und Politik, Samstag, den 27.2.2016, 15:00 Uhr, Berlin, Jugendtheatertage. Gespräch mit Jörn Fechner, Lutz Kirchenwitz, Bettina Wegner, Siegfried Wein. Moderation: Regina Scheer.
Lutz Kirchenwitz: Lieder und Leute. Die Singebewegung in der DDR. Berlin 1982.
Lutz Kirchenwitz: Folk, Chanson und Liedermacher in der DDR. Berlin 1993.
Lutz Kirchenwitz: 1968 im Osten - was ging uns die Bundesrepublik an?, in: Bundeszentrale für politische Bildung: Aus Politik und Zeitgeschichte, 2.11.2003.
Michael Kleff: Die Burg Waldeck Festivals 1964–1969. Chansons Folklore International, Hambergen 2008.
Fernando Klein: Canciones para la memoria. La guerra civil española. Barcelona 2008.
Oss und Hein Kröher: Rotgraue Raben. Vom Volkslied zum Folksong. Heidenheim 1969.
Roberto Leydi: I canti popolari italiani. 120 testi e musiche scelti e annotati con la collaborazione di Sandra Mantovani e Cristina Pederiva. Mailand 1973.
Roberto Leydi u. Filippo Crivelli (Hg.): La Bella Ciao de Il Nuovo Canzoniere Italiano. Cremona 1974.
Roberto Leydi: Giovanna Daffini e la musica popolare padana, in: Giovanna Daffini: L'amata genitrice. Atti del Convegno. Hg. von Cesare Bermani. Gualtieri 1992, S. 53–63.

Wolfgang Leyn: Volkes Lied und Vater Staat. Die DDR-Folkszene 1976–1990. Berlin 2016.

Bruno Mantelli: Kurze Geschichte des italienischen Faschismus. Berlin 1998.

Bruno Mantelli: Revisionismus durch Aussöhnung, in: Christoph Cornelißen, Lutz Klinkhammer u. Wolfgang Schwendtker: Erinnerungskulturen: Deutschland, Italien und Japan seit 1945. Frankfurt am Main 2003, S. 222–232.

Paolo Mencarelli: Libro e mondo popolare. Le Edizioni Avanti! di Gianni Bosio 1953–1964. Mailand 2011.

Sieglinde Mierau: Intersongs. Festival des Politischen Liedes. Berlin 1973.

Giuseppe Morandi: Spoleto 1964. Bella Ciao. Il diario. Beilage zur Zeitschrift „Il De Martino", Nr. 21/2012, hg. vom Istituto Ernesto de Martino.

Walter Mossmann, in: Michael Kleff, S. 167-168.

Costantino Nigra: Canti popolari del Piemonte. Einaudi. Turin 1888.

Moni Ovadia: Bella ciao e viva la libertà. Vorwort zu Carlo Pestelli: Bella Ciao. La canzone della libertà. Turin 2016.

Pier Paolo Pasolini: Canzoniere Italiano: Antologia della poesia popolare. Parma 1955.

Santo Peli: Storia della Resistenza in Italia. Turin 2015.

Santo Peli: Banditi e ribelli. Die italienische Resistenza 1943–1945. Hg. v. Istoreco. Köln 2019.

Carlo Pestelli: Bella ciao. La canzone della libertà. Turin 2016.

Gisela Probst-Effah: "Das Moorsoldatenlied". Zur Geschichte eines Liedes von sakulärer Bedeutung, in: Good-bye memories? Lieder im Generationengedächtnis des 20. Jahrhunderts. Hg. v. Barbara Stambolis u. Jürgen Reulecke. Essen 2007, S. 155–174.

Tito Romano, Giorgio Solza und Roberto Leydi: Canti della resistenza italiana. Mailand 1960.

Lothar Sauer: Als Gammler auf Waldeck – Impressionen eines Augenzeugen, in: Michael Kleff: Die Burg Waldeck Festivals 1964–1969, S. 44.

Rosa Sala Rose: Lili Marleen. Die Geschichte eines Liedes von der Liebe und vom Tod. Aus dem Spanischen von Andreas Löhrer. München 2010.

Seid bereit. Liederbuch der Thälmann-Pioniere. Leipzig 1985 [1958].

Jorge Semprun: Yves Montand: das Leben geht weiter. Aus dem Französischen von Uli Aumüller. Frankfurt am Main 1984.

Wolfgang Steinitz: Deutsche Volkslieder demokratischen Charakters aus sechs Jahrhunderten. Band 1, Berlin 1954, Band 2, Berlin 1962.
Michele Straniero: Dar via il cuore, in: Giovanna Daffini. L'amata genitrice. Atti del Convegno. Hg. von Cesare Bermani. Gualtieri 1992, S. 77–78.
Jacopo Tomatis: Cinquant'anni di Bella ciao. Una conversazione con Riccardo Tesi, in: Il giornale della musica, 9. Juni 2014.
Klemens Vogel: Die Weltfestspiele damals und heute. Bundeszentrale für politische Bildung 2003.
Hannes Wader: Trotz alledem. Mein Leben. München 2019.
Deniz Yücel: Taksim ist überall. Die Gezi-Bewegung und die Zukunft der Türkei. Hamburg 2017.

Anmerkungen

[1] Giuseppe Morandi: Spoleto 1964. Bella ciao. Il diario. Beilage zur Zeitschrift „Il De Martino", Nr. 21/2012, hg. vom Istituto Ernesto de Martino, S. 10.

[2] Filippo Crivelli: Begleittext der Schallplatte: Le canzoni di Bella ciao. I dischi del sole 1965.

[3] Giuseppe Morandi: Spoleto 1964. Bella ciao. Il diario. Beilage zur Zeitschrift „Il De Martino", Nr. 21/2012, hg. vom Istituto Ernesto de Martino.

[4] Cesare Bermani: „La 'vera' storia di 'Bella ciao'". in: Cesare Bermani: "Guerra Guerra ai palazzi e alle chiese …". Saggi sul canto sociale. Roma 2015.

[5] Siehe die Linksammlung unter dem QR-Code am Ende der Einleitung.

[6] Tito Romano, Giorgio Solza und Roberto Leydi: Canti della resistenza italiana. Milano 1960.

[7] Paolo Mencarelli: Libro e mondo popolare. Le Edizioni Avanti! di Gianni Bosio 1953–1964. Mailand 2011, S. 125f.; Antonio Fanelli: Contro Canto. Le culture di protesta dal canto sociale al rap. Rom 2017; Cesare Bermani: Una storia cantata. Mailand 1997, S. 49–54.

[8] Roberto Leydi, Plattencover von „I canti di lavoro", I dischi del Sole, DS4, 1962. Siehe auch Cesare Bermani: „La ‚vera' storia di Bella ciao, in: "Guerra, Guerra ai Palazzi e alle Chiese …" Saggi sul canto sociale, Rom 2015.

[9] Bermani: „La ‚vera' storia di Bella Ciao, in: "Guerra, Guerra ai Palazzi e alle Chiese …" Saggi sul canto sociale, Rom 2015, S. 210.

[10] Cesare Bermani: La ‚vera' storia di Bella Ciao, S. 223.

[11] Cesare Bermani: „La ‚vera' storia di Bella Ciao, S. 212.

[12] Enrico Strobino: Il gomitolo di Bella Ciao, im Blog musicheria.net., 24.4.2006.

[13] Giovanna Daffini: L'amata genitrice. Atti del Convegno. Hg. von Cesare Bermani. Gualtieri 1992. Darin siehe insbesondere den Vortrag von Roberto Leydi: Giovanna Daffini e la musica popolare padana, S. 53–63, und den Beitrag von Cesare Bermani: Giovanna Daffini e Il Nuovo Canzoniere Italiano, S. 21–38.

[14] Cesare Bermani: Bella ciao. Storia e fortuna di una canzone. Novara 2020, S. 37.

[15] Dino Messina: „La vera storia di Bella Ciao, che non venne mai cantata nella resistenza", Corriere della sera, 10.7.2018.

[16] Cesare Bermani: L'origine di ‚Fischia il vento', in: Bermani: Guerra, Guerra, S. 202; Cesare Bermani: Bella Ciao. Storia e fortuna di una canzione, S. 11, siehe auch: Marcello Flores u. Mimmo Franzinelli: Storia della Resistenza. Bari 2019, S. 100–104.

[17] Beppe Fenoglio: Il partigiano Johnny. Turin 2014, S. 196–197.

[18] Siehe Santo Peli: Storia della Resistenza in Italia. Turin 2015, S. 96–105; Marcello Flores u. Mimmo Franzinelli: Storia della Resistenza. Bari 2019, S. 157–163.

[19] Bermani, „La vera storia“, S. 213.
[20] Bermani, „La vera storia“, S. 213-215.
[21] Bermani, „La vera storia“, S. 216-217.
[22] Bermani, „La vera storia“, S. 215-216.
[23] Bermani: Bella ciao, S. 52–53.
[24] Ruggero Giacomini: Bella ciao. La storia definitiva della canzone partigiana che dalle Marche ha conquistato il mondo. Rom 2021, p. 13–21.
[25] Ruggero Giacomini: Bella ciao, p. 25–26.
[26] Paolo Orlandini: Da Balilla a partigiano. Ancona 1998, p. 61–62, zit. nach Giacomini: Bella Ciao, p. 49.
[27] Ruggero Giacomini: Bella ciao, p. 49–50.
[28] Ruggero Giacomini: Bella ciao, p. 71–74.
[29] Ruggero Giacomini: Bella ciao, p. 75.
[30] Ruggero Giacomini: Bella ciao, p. 76.
[31] Bermani, „“La vera storia“, S. 217.
[32] Bermani, „'La vera' storia“, S. 217.
[33] Bermani, „'La vera' storia“, S. 217.
[34] Bermani, „'La vera' storia“, S. 217.
[35] Interview von Mauro Ubaldi mit Lorenzo Bottero am 16. August 2019.
[36] Interview von Mauro Ubaldi mit Floriana Diena Putaturo, am 22. Februar 2016.
[37] Pier Paolo Pasolini: Canzoniere Italiano: Antologia della poesia popolare. Parma 1955, S. 45 f.
[38] Pier Paolo Pasolini: Canzoniere Italiano, S. 391.
[39] Carlo Pestelli: Bella Ciao. La canzone della libertà. Turin 2016, S. 20ff.
[40] Costantino Nigra: Canti popolari del Piemonte. Einaudi. Turin 1888, S. 135.
[41] Costantino Nigra: Canti popolari del Piemonte. Turin 1888, S. 136–139; Carlo Pestelli: Bella Ciao, S. 40–42.
[42] Costantino Nigra: Canti popolari del Piemonte. Einaudi. Turin 1888, S. 135.
[43] Giuseppe Cocchiara: L'anima del popolo italiano nei suoi canti. Mailand 1929, S. 183–184.
[44] Roberto Leydi: I canti popolari italiani. 120 testi e musiche scelti e annotati con la collaborazione di Sandra Mantovani e Cristina Pederiva. Mailand 1973, S. 50–53.
[45] Cesare Bermani: Bella ciao. Storia e fortuna di una canzone, S. 55.
[46] Cesare Bermani. Bella ciao. Storia e fortuna di una canzone, S. 54.
[47] Roberto Leydi u. Filippo Crivelli (Hg.): La Bella ciao de Il Nuovo Canzoniere Italiano. Cremona 1974.
[48] Cesare Bermani: Bella ciao. Storia e fortuna di una canzone, S. 58–59.
[49] Der Name wurde in Bermanis Publikation zunächst falsch geschrieben,

nämlich „Freçhais". In seinem letzten Buch „Bella ciao. Storia e fortuna di una canzone" ist auf S. 29 eine Postkarte abgedruckt, die Marie an Salvadori geschickt hatte. Darauf befindet sich eine Widmung mit ihrem Namen, nämlich „Freçais". Bermani selbst hat mir bestätigt, dass diese Schreibweise die richtige ist (Email vom 23.3.2022).

[50] Cesare Bermani: Bella ciao. Storia e fortuna di una canzone, S. 62–63.

[51] Bermani: Bella ciao, S. 62–63.

[52] Cesare Bermani: La 'vera' storia di Bella Ciao, S. 236.

[53] Cesare Bermani. Bella Ciao. Storia e fortuna di una canzone, S. 67.

[54] Cesare Bermani. Bella ciao. Storia e fortuna di una canzone, S. 67.

[55] Bermani: La ‚vera' storia di Bella ciao, S. 221.

[56] Antonio Fanelli: Contro canto. Le culture della protesta dal canto sociale al rap. Rom 2017, S. 45.

[57] Carlo Pestelli: Bella ciao, S. 98.

[58] Cesare Bermani: Bella ciao. Storia e fortuna di una canzone, S. 49.

[59] Cesare Bermani: Bella ciao. Storia e fortuna di una canzone, S. 22–23.

[60] Siehe die Internetseite „Archivio Monografico Online" über Giorgio Gaber.

[61] Cesare Bermani: Bella ciao. Storia e fortuna di una canzone, S. 75–77.

[62] Carlo Pestelli, S. 94.

[63] Jenner Meletti: Da ballata jiddish a inno partigiano, in: La Repubblica, 12.4.2008.

[64] Siehe auch: Carlo Pestelli: Bella ciao, S. 84–89.

[65] So z.B. der Blogger und Musiker Carlo Loiodice in Bella questa di "Bella ciao"!, in: http://www.societacivilebologna.it/ser/tocchiamo_unacorda/doc2/loiodice_Bella_questa_290408.pdf

[66] Cesare Bermani: Bella ciao, S. 81–82.

[67] Carlo Pestelli: Bella ciao, S. 80. Das bezeugte auch ein Teilnehmer namens Corradini aus Reggio Emilia, laut einer Email von Cesare Bermani vom 23.4.2021. Bermani hatte Corradini 1965 interviewt.

[68] Klemens Vogel: Die Weltfestspiele damals und heute. Bundeszentrale für politische Bildung 2003, und Erwin Breßlein: Rückblick auf die Weltfestspiele I bis VIII (1947–1962). Politik und Zeitgeschichte, Bd. 22, 1973.

[69] Email von Cesare Bermani vom 23.4.2021. Bermani hat den Zeitzeugen Davoli aus Reggio Emilia 1965 interviewt.

[70] Email von Cesare Bermani vom 23.4.2021. Bermani hat den Zeitzeugen Franco Pedone aus Mailand 1965 interviewt.

[71] Email von Cesare Bermani vom 23.4.2021, ebenfalls laut Franco Pedone.

[72] Neues Deutschland, 7.8.1951.

[73] Neues Deutschland, 7.8.1951.

[74] Junge Welt, 7.8.1951, S. 7.

[75] Junge Welt, 16.8.1951, S. 8.

[76] Riccardo Longone: Ragazze di Corea, in: L'Unità, 29.4.1953, S. 3.

[77] Siehe Artikel in ‚Cubahora' vom 13.9.2019.

[78] Fernando Klein: Canciones para la memoria. La guerra civil española. Barcelona 2008, S. 22–23, S. 148–151; Luis Díaz Viana: Cancionero popular de la guerra civil española. Madrid 2007, S. 140–142.

[79] Cesare Bermani: Bella ciao, S. 72–73.

[80] Hervé Hamon/Patrick Rotman: Yves Montand. Du siehst, ich habe nicht vergessen. Aus dem Französischen von Christel Gersch und Joachim Meinert. Berlin 1995, S. 26. Zu Montands Geschichte siehe auch: Jorge Semprun: Yves Montand: das Leben geht weiter. Aus dem Französischen von Uli Aumüller. Frankfurt am Main 1984.

[81] Stadtarchiv Halberstadt. Chronik der Stadt Halberstadt für die Jahre 1990 bis 1998: 6. August 1993; Horst Berner: Singen, das macht Laune. Lieder, Quodlibets und Kanons für jung & alt. Zentralhaus-Publikation Leipzig 1987, und Email von Lutz Kirchenwitz, 11.12.2020.

[82] 1. Auflage Leipzig: Hofmeister 1958. Bis 1987 erschienen 9 Auflagen.

[83] Frisch auf singt, all ihr Musici. Lehrbuch für 7. und 8. Klasse. Volk und Wissen: Berlin 1961.

[84] Herbert Kleye: Canti proletari italiani in Germania, in: Il nuovo canzoniere italiano, Nr. 7–8, Mailand, August 1966, S. 42–49. Rückübersetzung aus dem Italienischen vom Autor.

[85] Sieglinde Mierau: Intersongs. Festival des Politischen Liedes. Berlin 1973, S. 117–121.; Hootenanny ausverkauft, in: Lutz Kirchenwitz: Lieder und Leute. Die Singebewegung in der DDR, Berlin 1982; Lutz Kirchenwitz: Folk, Chanson und Liedermacher in der DDR, Berlin 1993, S. 27–35.

[86] Wolfgang Leyn: Volkes Lied und Vater Staat. Die DDR-Folkszene 1976–1990. Berlin 2016, S. 296–297.

[87] Lutz Kirchenwitz: Folk, Chanson und Liedermacher in der DDR, Berlin 1993, S. 37–66; Hootenanny '66 – Podiumsgespräch. Festival Musik und Politik, Samstag, den 27.2.2016, 15:00 Uhr, Berlin, Jugendtheatertage. Gespräch mit Jörn Fechner, Lutz Kirchenwitz, Bettina Wegner, Siegfried Wein. Moderation: Regina Scheer.

[88] Sieglinde Mierau: Intersongs. Festival des Politischen Liedes. Berlin 1973, S. 250–255.

[89] Wolfgang Leyn: Volkes Lied und Vater Staat. Die DDR-Folkszene 1976–1990. Berlin 2016, S. 297.

[90] Lutz Kirchenwitz: 1968 im Osten - was ging uns die Bundesrepublik an?, in: Bundeszentrale für politische Bildung: Aus Politik und Zeitgeschichte, 2.11.2003.

[91] Email von Lutz Kirchenwitz vom 11.12.2020.
[92] Sieglinde Mierau: Intersongs. Festival des Politischen Liedes. Berlin 1973, S. 144–147.
[93] Il Contemporaneo: Zeitgenossen, Verlag Pläne GmbH 1971/ S 88 101, Serie Sieg 1.
[94] Janna Carioli: Gli anni che cantano. Il Canzoniere delle Lame di Bologna. Udine 2010, S. 19–20.
[95] Janna Carioli: Gli anni che cantano, S. 62–63.
[96] Neues Deutschland, 29. Juli 1973.
[97] Junge Welt, 2.8.1973, S. 5.
[98] Janna Carioli: Gli anni che cantano, S. 75–77.
[99] „Vom Kampf der Jugend Italiens", in: Neues Deutschland, 5.8.1973.
[100] Neues Deutschland, 6. August 1973.
[101] Michael Kleff: Die Burg Waldeck Festivals 1964–1969. Chansons Folklore International, Hambergen 2008, S. 10. Zur Entstehung des Festivals auf der Burg Waldeck siehe auch Oss und Hein Kröher: Rotgraue Raben. Vom Volkslied zum Folksong. Heidenheim 1969.
[102] Wolfgang Steinitz: Deutsche Volkslieder demokratischen Charakters aus sechs Jahrhunderten. Band 1, Berlin 1954, Band 2, Berlin 1962.
[103] Lothar Sauer: Als Gammler auf Waldeck – Impressionen eines Augenzeugen, in: Michael Kleff: Die Burg Waldeck Festivals 1964–1969, S. 44.
[104] Walter Mossmann, in: Michael Kleff, S. 167–168.
[105] L'Unità, 10. September 1966.
[106] Michele Straniero: Dar via il cuore, in: Giovanna Daffini. L'amata genitrice. Atti del Convegno. Hg. von Cesare Bermani. Gualtieri 1992, S. 77–78.
[107] Michael Kleff: Die Burg Waldeck Festivals 1964–1969. Chansons Folklore International, Hambergen 2008.
[108] Burg Waldeck Festival 1967. Chanson Folklore International. 2 Cd. Conträr (Indigo) 2005.
[109] Hannes Wader: Trotz alledem. Mein Leben. München 2019, S. 246–260.
[110] Hannes Wader: Trotz alledem, S. 470–473.
[111] Wader Wecker Vaterland. Regie und Produktion: Rudi Gaul. 2011.
[112] Email von Diether Dehm, 3.2.2021.
[113] Carlo Pestelli: Bella Ciao, S. 108.
[114] Email von Erich Schmeckenbecher, 10.2.2021.
[115] Diether Dehm: Bella Ciao. Berlin 2007.
[116] Diether Dehm: Bella Ciao. Berlin 2007, S. 9.
[117] Banjo. Musik 7-10. Hg. v. Dieter Clauß, Martin Geck, Hans-Joachim Kemen u. Gottfried Küntzel. Stuttgart 1979.
[118] Gisela Probst-Effah: "Das Moorsoldatenlied". Zur Geschichte eines Liedes

von sakulärer Bedeutung, in: Good-bye memories? Lieder im Generationengedächtnis des 20. Jahrhunderts. Hg. v. Barbara Stambolis u. Jürgen Reulecke. Essen 2007, S. 169.

[119] Schreiben des Ministeriums für Kultus und Sport Baden-Württemberg vom 26. Februar 1980 an den Ernst Klett-Verlag. Aktenzeichen IV-2-3610-Klett-Verlag/282-283, zitiert nach Probst-Effah: „Das Moorsoldatenlied", S. 169.

[120] Die Zeit, 17. Februar 1978.

[121] Affäre Filbinger: Was Rechtens war … In: Der Spiegel. Nr. 20, 1978, S. 23–27.

[122] Zitiert nach dem Klappentext von Nanni Balestrini: Una mattina ci siam svegliati. Mailand 1995.

[123] Nanni Balestrini: Una mattina ci siam svegliati. Mailand 1995, S. 51–52.

[124] Z.B.: Bruno Mantelli: Revisionismus durch Aussöhnung, in: Christoph Corneließen, Lutz Klinkhammer u. Wolfgang Schwendtker: Erinnerungskulturen: Deutschland, Italien und Japan seit 1945. Frankfurt am Main 2003, S. 222–232; Filippo Focardi: Gedenktage und politische Öffentlichkeit in Italien 1945–1995, in: Corneließen: Erinnerungskulturen, S. 210–221.

[125] Materiale resistente 1945–1995. Consorzio produttori independenti 1995. Mit Begleitheft.

[126] Modena City Ramblers: Appunti partigiani. Mescal 2005.

[127] Italo Calvino: Wo Spinnen ihre Nester bauen. Aus dem Italienischen von Thomas Kolberger. München 1992.

[128] Yo Yo Mundi: Resistenza. 15 gennaio 2005. La Banda Tom e altre storie partigiane. Il manifesto 2005. Mit Beiheft.

[129] Bella ciao. Visage Music 2014. Beiheft.

[130] Jacopo Tomatis: Cinquant'anni di Bella ciao. Una conversazione con Riccardo Tesi, in: Il giornale della musica, 9. Juni 2014.

[131] Süddeutsche Zeitung, 3. 10.2018. Ausführlicher in seinem Buch: Mimmo Lucano: Il fuorilegge, Milano 2020.

[132] Die ZEIT, 30.9.2021.

[133] Taz, 29.4.2021.

[134] Mohammad Rasoulof: Doch das Böse gibt es nicht. Rezensionen: Süddeutsche Zeitung, 19.8.2021; FAZ, 18.8.2021.

[135] https:/www.youtube.com/watch?v=9qOQSJe_FjU, abgerufen am 22.9. 2021.

[136] Siehe das Kapitel zu „Grup Yorum" in: Deniz Yücel: Taksim ist überall. Die Gezi-Bewegung und die Zukunft der Türkei. Hamburg 2017, S. 133–136.

[137] Mitglied linker Band stirbt nach Hungerstreik, DIE ZEIT, 3. April 2020; Verhungert im Widerstand gegen Erdogan, Der Spiegel, 14. Mai 2020.

[138] Marc Ribot: Songs of Resistance" 1942–2018. Noise 2018. Begleitheft.

[139] Chumbawamba: A Singsong and a Scrap. Edel Records 2005. Begleitheft.

[140] Pestelli: Bella ciao, S. 105.
[141] Pestelli: Bella ciao, S. 104.
[142] Blog „Femminismo a Sud“, 24. Oktober 2010.
[143] Der Tagesspiegel, 25.12.2013.
[144] Süddeutsche Zeitung, 22. Mai 2020, und Süddeutsche Zeitung 27. Mai 2020.
[145] Antonella De Biasi: "Bella ciao", le montagne e il cuore dei curdi, in: Patria indipendente (Zeitung des italienischen Partisanenverbands ANPI, Nr. 96, 29. Juli 2021.
[146] Der Spiegel, 13.6.2009.
[147] Epd-film, 23.10.2020.
[148] Kristina Koch: Bella Ciao und 375 Tote, in „Ruhrbarone, 22.11.2019.
[149] Süddeutsche Zeitung, 31.10.2019.
[150] Lea Schönborn: Bella ciao, Lazio. 11 Freunde, 22.7.2021.
[151] Z.B. auf der Schweizer Internetseite stimmvolk.ch aus Winterthur.
[152] Cesare Bermani: Bella ciao. Storia e fortuna di una canzone, S. 80.
[153] Siehe das Video „El pueblo argentino interpreta „Macri Ciao“. Versión libre del clásico „Bella ciao“, vom 26.3.2018: https://www.youtube.com/watch?v=XOw-W8bKKnA, abgerufen am 28.8.2021.
[154] Neues Deutschland, 31.5.2019.
[155] Süddeutsche Zeitung, 24.11.2019; jetzt.de, https://www.jetzt.de/politik/mattia-santori-und-die-sardinen-in-italien-protest-gegen-matteo-salvini, abgerufen am 23.8.2021.
[156] La Repubblica, 25.4.2020.
[157] Bella Ciao in Punjabi, Faiz in Tamil give stir its rhythm, in: Times of India, 25.12.2020; Punjabi rendition of ‚Bella Ciao‘ finds its way to farmers‘ protest, in: Deccan Herald, 24.12.2020.
[158] Siehe den Blog "Feral Fire" vom 10.5.2021, https://feralfire.noblogs.org/post/2021/05/10/alle-gegen-die-junta-in-myanmar-ein-interview-mit-rebel-riot-und-ein-aufruf-zur-grenzenlosen-solidaritaet/, abgerufen am 13.6.2022.
[159] https://therebelriot.bandcamp.com, abgerufen am 13.6.2022.
[160] Moni Ovadia: Bella Ciao e viva la libertà. Vorwort zu Carlo Pestelli: Bella Ciao, S. 8.
[161] La Repubblica, 10.4.2019.
[162] Zitiert nach: Pestelli, S. 111–112.
[163] Nach: Marcello Flores und Mimmo Franzinelli: Storia della Resistenza. Bari 2019 und Bruno Mantelli: Kurze Geschichte des italienischen Faschismus. Berlin 1998.

Abbildungsverzeichnis

Gesamtverzeichnis Verlag Edition AV

Anarchie ♦ Theorie ♦ Pädagogik ♦ Literatur ♦ Lyrik ♦ Theater ♦ Geschichte

Werner Abel & Enrico Hilbert♦ Sie werden nicht durchkommen ♦ Deutsche an der Seite der Republik und der sozialen Revolution ♦ Band 1 ♦ 978-3-86841-112-6 ♦ 45,00 €

Werner Abel, Enrico Hilbert & Harald Wittstock ♦ Sie werden nicht durchkommen ♦ Deutsche an der Seite der Republik und der sozialen Revolution ♦ Band 2 ♦ Bilder und Materialien♦ 978-3-86841-113-3 ♦ 24,50 €

Werner Abel♦ Mit Salut und Händedruck ♦ Militärzensur der Internationalen Brigaden in Spanien ♦ Band 1 Dokumente ♦ 978-3-86841-165 ♦ 18,00 €

Gwendolyn von Ambesser ♦ Die Ratten betreten das sinkende Schiff ♦ Das absurde Leben des jüdischen Schauspielers Leo Reuss ♦ 978-3-936049-47-3 ♦ 18,00 €

Gwendolyn von Ambesser ♦Schaubudenzauber ♦ Geschichten und Geschichte eines legendären Kabaretts ♦ 978-3-936949-68-8 ♦ Preis 18,00 €

Gwendolyn von Ambesser ♦Schauspieler fasst man nicht an! ♦ Eine Axel von Ambesser Biographie ♦ 978-3-86841-045-7 ♦ Preis 19,90 €

Allan Antliff ♦ Anarchie und Kunst ♦ Von der Pariser Kommune bis zum Fall der Berliner Mauer ♦ ISBN 978-3-86841-052-5 ♦ 18,00 €

Yair Auron ♦ Der Schmerz des Wissens ♦ Die Holocaust- und Genozid-Problematik im Unterricht ♦ ISBN 978-3-936049-55-8 ♦ 18,00 €

Autorinnenkollektiv ♦ Das Frauenkommunebuch ♦Alltag zwischen Partriarchat und Utopie ♦ ISBN 978-3-86841-227-3 ♦ 24,50€

Franz Barwich ♦ Das ist Syndikalismus ♦ Die Arbeiterbörsen des Syndikalismus ♦ ISBN 978-3-936049-38-1 ♦ 11,00 €

Günther Baumgartner & Dietrich Grund ♦ Die bayerische Revolution 1918/19 in Stadt und Land ♦ Band 1 Oberbayern ♦ ISBN 978-3-86841-212-3 ♦ 49,80 €

Anna-Maria Benz ♦ Freiheit oder Tod ♦ Harriet Tubman ♦ Afroamerikanische Freiheitskämpferin ♦ ISBN 978-3-86841-022-8 ♦ 18,00 €

Alexander Berkman ♦ Der bolschewistische Mythos. Tagebuch aus der russischen Revolution 1920 – 1922. ♦ ISBN 978-3-936049-31-2 ♦ 17,00 €

Bilkis Brahe ♦ Tragödien sind albern ♦ Frida Kahlo (1907-1954), eine mexikanische Malerin ♦ ISBN 978-3-936049-80-0 ♦ 16,00 €

Heike Breitenbach & Johannes Waßmer (Hgg.)♦ Martin Buber und die Literatur ♦ ISBN 978-3-86841-302-1♦ 19,90 €

Ralf Burnicki♦ Lichtaspirin ♦ Anarchopoetry ♦ ISBN 978-3-86841-102-7 ♦ 12,00 €

Ralf Burnicki ♦ Anarchismus & Konsens. Gegen Repräsentation und Mehrheitsprinzip: Strukturen einer nichthierarchischen Demokratie ♦ ISBN 978-3-936049-08-4 ♦ 16,00 €

Ralf Burnicki ♦ Die Straßenreiniger von Teheran ♦ Lyrik ♦ ISBN 978-3-936049-41-1 ♦ 9,80 €

Ralf Burnicki ♦ Zahnweiß ♦ Kaufhaus-Poetry ♦ ISBN 978-3-936049-78-7 ♦ 9,80 €

Ralf Burnicki & Findus♦ Hoch lebe sie – die Anarchie! ♦ Anarcho-Poetry ♦ ISBN 978-3-86841-102-7 ♦ 9,80 €

Rolf Cantzen ♦ Mordskarma ♦ Krimi ♦ ISBN 978-3-86841-103-4 ♦16,00 €

Cornelius Castoriadis ♦ Autonomie oder Barbarei ♦ Ausgewählte Schriften, Band 1 ♦ ISBN 978-3-936049-67-1 ♦ 17,00 €

Cornelius Castoriadis ♦ Vom Sozialismus zur autonomen Gesellschaft ♦Über den Inhalt des Sozialismus ♦ Ausgewählte Schriften ♦ Band 2.1. ♦ ISBN 978-3-936049-88-6 ♦ 17,00 €

Cornelius Castoriadis ♦ Vom Sozialismus zur autonomen Gesellschaft ♦ Gesellschaftskritik und Politik nach Marx ♦ Ausgewählte Schriften ♦ Band 2.2. ♦ ISBN 978-3-86841-002-0 ♦ 17,00 €

Cornelius Castoriadis ♦ Das imaginäre Element und die menschliche Schöpfung ♦ Ausgewählte Schriften ♦ Band 3 ♦ ISBN 978-3-86841-035-8 ♦ 17,00 €

Cornelius Castoriadis ♦ Philosophie, Demokratie, Poiesis ♦ Ausgewählte Schriften ♦ Band 4. ♦ ISBN 978-3-86841-063-1 ♦ 17,00 €

Cornelius Castoriadis ♦ Psychische Monade und autonomes Subjekt♦ Ausgewählte Schriften ♦ Band 5 ♦ ISBN 978-3-86841-081-5 ♦ 17,00 €

Cornelius Castoriadis ♦ Kapitalismus als imaginäre Institution ♦ Ausgewählte Schriften ♦ Band 6 ♦ ISBN 978-3-86841-094-5 ♦ 17,00 €

Cornelius Castoriadis ♦ Durchs Labyrinth ♦ Ausgewählte Schriften ♦ Band 8 ♦ ISBN 978-3-86841-231-4 ♦ 17,00 €

Cornelius Castoriadis ♦ Ungarn 56 – Die ungarische Revolution ♦ Ausgewählte Schriften ♦ Band 7 ♦ ISBN 978-3-86841-178-8 ♦ 16,00 €

Cornelius Castoriadis ♦ Fenster zum Choas♦ Ausgewählte Schriften ♦ Band 9 ♦ ISBN 978-3-86841-261-1 ♦ 17,00 €

Roman Danyluk♦ Unter sticht Opber ♦ Eine sozialgeschichte der bayerischen Revolution ♦ ISBN 978-3-86841-265-9 ♦ 24,50 €

Roman Danyluk ♦ Freiheit und Gerechtigkeit ♦ Die Geschichte der Ukraine aus libertärer Sicht ♦ ISBN 978-3-86841-029-7 ♦ 11,00 €

Roman Danyluk ♦ Befreiung und soziale Emanzipation ♦ Rätebewegung, Arbeiterautonomie und Syndikalismus ♦ ISBN 978-3-86841-065-5 ♦ 18,00 €

Roman Danyluk ♦ Partisanen und Milizen ♦ Zum Verhältnis von Gewalt und Emanzipation ♦ ISBN 978-3-86841-100-3 ♦ 18,00 €

Roman Danyluk ♦ Kiew: Unabhängigkeitsplatz ♦ Verlauf und Hintergründe der Bewegung auf dem Majdan ♦ ISBN 978-3-86841-105-6 ♦ 14,00 €

Roman Danyluk ♦ Blues der Städte ♦ Die Bewegung 2. Juni – eine sozialrevolutionäre Geschichte ♦ ISBN 978-3-86841-226-0 ♦ 20,00 €

Hans Jürgen Degen ♦ Die Wiederkehr der Anarchisten ♦ Anarchistische Versuche 1945-1970 ♦ ISBN 978-3-86841-015-0 ♦ 24,50 €

Pierre Dietz ♦ Briefe aus der Deportation ♦ Französischer Widerstand und der Weg nach Auschwitz ♦ ISBN 978-3-86841-042-6 ♦ 16,00 €

Jane Doe ♦ Die andere Farm der Tiere ♦ Roman ♦ ISBN 978-3-936049-94-7 ♦ 16,00 €

Helge Döhring ♦ Konflikte und Niederlagen des Syndikalismus in Deutschland♦ ISBN 978-3-86841-237-6 ♦ 18,00 €

Helge Döhring ♦ Die Anarchistische Vereinigung 1923-1933♦ ISBN 978-3-86841-208-6 ♦ 20,00 €

Helge Döhring ♦ Anarchisten auf Sinnsuche♦ ISBN 978-3-86841-191-1 ♦ 20,00 €

Helge Döhring ♦ Organisierter Anarchismus in Deutschland 1919 bis 1933♦ ISBN 978-3-86841-192-8 ♦ 20,00 €

Helge Döhring♦ Anarcho-Syndikalismus ♦ Einführung in die Theorie und Geschichte einer internationalen sozialistischen Arbeiterbewegung ♦ 978-3-86841-143-0 ♦ 16,00 €

Helge Döhring ♦ Syndikalismus in Deutschland 1914-1918 ♦ „Im Herzen der Bestie" ♦ ISBN 978-3-86841-083-9♦ 17,00 €

Helge Döhring ♦ Syndikalismus im „Ländle" ♦ Die Freie Arbeiter-Union Deutschlands (FAUD) in Würtemberg 1918 – 1933) ♦ ISBN 978-3-936049-59-6 ♦ 16,00 €

Helge Döhring ♦ Damit in Bayern Frühling werde! ♦ Die syndikalistische Arbeiterbewegung in Südbayern von 1914 bis 1933 ♦ ISBN 978-3-936049-84-8 ♦ 17,00 €

Helge Döhring & Martin Veith ♦ Eine Revolution für die Anarchie ♦ Zur Geschichte der Anarcho-Syndikalistischen Jugend **& Aus den Trümmern empor ♦** Anarcho-Syndikalismus in Württemberg ♦ ISBN 978-3-86841-005-1 ♦ 22,00 €

Helge Döhring (Hg.) ♦ Generalstreik ♦ Streiktheorien und -diskussionen innerhalb der deutschen Sozialdemokratie vor 1914 ♦ ISBN 978-3-86841-019-8 ♦ 14,00 €

Helge Döhring ♦ Schwarze Scharen ♦ Die anarcho-syndikalistische Arbeiterwehr (1929 – 1933) ♦ ISBN 978-3-86841-054-9 ♦ 14,90 €

Helge Döhring ♦ Mutige Kämpfergestalten ♦ Syndikalismus in Schlesien 1918 – 1930 ♦ ISBN 978-3-86841-064-8 ♦ 12,00 €

Sam Dolgoff ♦ Anarchistische Fragmente ♦ Memoiren eines amerikanischen Anarchosyndikalisten ♦ ISBN 978-3-86841-501 ♦ 16,00 €

Wolfgang Eckhardt ♦ Von der Dresdner Mairevolte zur Ersten Internationalen ♦ Untersuchungen zu Leben und Werk Michail Bakunins ♦ ISBN 978-3-936049-53-4 ♦ 14,00 €

Michael Englishman♦ laut und klar ♦ Aus der Asche des Holocaust ♦ 978-3-86841-147-8 ♦ 14,00 €

Sébastien Faure ♦ Die Anarchistische Synthese und andere Texte ♦Herausgegeben, bearbeitet und mit Annotationen versehen von Jochen Knoblauch ♦ ISBN 978-3-936049-85-5 ♦ 10,00 €

FAU-Bremen ♦ Die CNT als Vortrupp des internationalen Anarcho-Syndikalismus ♦ Die Spanische Revolution 1936 – Nachbetrachtung und Biographien ♦ 978-3-936049-69-5 ♦ 14,00 €

Luigi Fabbri♦ Die präventive Konterrevolution ♦ Reflexion über den Faschismus ♦ ISBN 978-3-86841-140-9 ♦ 18,00 €

Bernd Feininger & Wilhelm Schwendeman ♦ Nicht Lese-Wort, sondern Lebens-Wort ♦ ISBN 978-3-86841-248-2 ♦ 16,00 €

Francesco Filippi ♦ Mussolini hat Gutes getan? ♦ Abrechnung mit einem Mythos ♦ ISBN 978-3-86841-278-9 ♦ 16,00 €

Lutz Finkeldey ♦ Denkwerkzeuge zum soziokulturellen Verstehen ♦ ISBN 978-3-86841-099-0 ♦ 12,00 €

Lutz Finkeldey ♦ Im Kino der Gesellschaft ♦ Eine soziologische Skizze zwischen Wirklichkeit und Wahrheit ♦ ISBN 978-3-86841-154-6 ♦ 18,00 €

Lutz Finkeldey ♦ Zum Beispiel ♦ Biographisches Verstehen in soziokulturellen Lebenswelten ♦ ISBN 978-3-86841-204-8 ♦ 17,00 €

Lutz Finkeldey ♦ Schokolade für alle ♦ Wie Verblendung das Paradies zerstört ♦ ISBN 978-3-86841-230-7 ♦ 18,00 €

Francisco Ferrer ♦ Die Moderne Schule ♦ Herausgegeben und kommentiert von Ulrich Klemm ♦ ISBN 978-3-936049-21-3 ♦ 17,50 €

Ursula Frost, Johannes Waßmer & Hans-Joachim Werner (Hgg.) ♦ Dialog und Konflikt ♦ Das dialogische Prinzip in Philosophie, Religion und Gesellschaft ♦ ISBN 978-3-86841-205 ♦ 19,90 €

Louis Gill ♦ George Orwell ♦ Vom Spanischen Bürgerkrieg zu 1984 ♦ ISBN 978-3-86841-066-2 ♦ 16,00 €

Günter Gerstenberg ♦ Räte in München ♦ Anmerkungen zum Umsturz und zu den Räterepubliken 1918/19 ♦ ISBN 978-3-86841-225-3 ♦ 19,90 €

Günter Gerstenberg ♦ Der kurze Traum vom Frieden ♦ Ein Beitrag zur Vorgeschichte des Umsturzes in München 1918 ♦ ISBN 978-3-86841-189-8 ♦ 24,50 €

Günter Gerstenberg & Cornelia Naumann ♦ Steckbriefe gegen gegen Eisner, Kurt und Genossen wegen Landesverrates ♦ Ein Lesebuch über Münchner Revolutionärinnen und Revolutionäre im Januar 1918 ♦ ISBN 978-3-86841-173-7 ♦ 24,90 €

Eveline Goodman-Thau ♦ Vom Archiv zur Arche ♦ Geschichte als Zeugnis ♦ ISBN 978-3-86841-222-2 ♦ 20,00 €

William Godwin ♦ Caleb Williams oder Die Dinge, wie sie sind ♦ Historischer Roman (Libertäre Bibliothek 1) ♦ ISBN 978-3-936049-86-2 ♦ 19,00 €

Moritz Grasenack (Hg.) ♦ Die libertäre Psychotherapie von Friedrich Liebling ♦ Eine Einführung in seine Großgruppentherapie anhand wortgetreuer Abschriften von Therapiesitzungen ♦ Mit Original-Tondokument und Video auf CD-ROM ♦ ISBN 978-3-936049-51-0 ♦ 24,90 €

Stefan Gurtner ♦ Die Straßenkinder von Tres Soles ♦ Von zerstörten Kindheiten, Selbstorganisation und einem Theater der Unterdrückten in Bolivien ♦ inkl. einer DVD ♦ 978-3-936049-79-4 ♦ 18,00 €

Stefan Gurtner ♦ Das grüne Weizenkorn ♦ Eine Parabel aus Bolivien ♦ Jugendbuch ♦ ISBN 978-3-936049-40-4 ♦ 11,80 €

Stefan Gurtner ♦ Isudoras unglaubliche Geschichte ♦ Roman ♦ ISBN 978-3-86841-193-5 ♦ 24,50 €

Stefan Gurtner ♦ Guttentag ♦ Das Leben des jüdischen Verlegers Werner Guttentag zwischen Deutschland und Bolivien ♦ ISBN 978-3-86841-069-3 ♦ 24,50 €

Frank Harris ♦ Die Bombe ♦ Roman ♦ ISBN 978-3-86841-053-2 ♦ 14,00 €

Wolfgnang Haug ♦ Theodor Plievier ♦ ISBN 978-3-86841-220-8 ♦ 24,50 €

Wolfgang Haug & Michael Wilk ♦ Herrschaftsfrei statt populistisch ♦ Aspekte anarchistischer Gesellschaftskritik ♦ ISBN 978-3-86841-207-9 ♦ 12,00 €

Gorden Hill ♦ Fünf Jahrhunderte indigener Widerstand ♦ Roman ♦ ISBN 978-3-86841-011-2 ♦ 9,80 €

Gorden Hill ♦ Indigener Widerstand ♦ Comic ♦ ISBN 978-3-86841-085-3, ♦ 14,00 €

Gorden Hill ♦ Antikapitalistischer Widerstand ♦ Comic ♦ ISBN 978-3-86841-104-1, ♦ 14,00 €

Andreas W. Hohmann (Hg.) ♦ ehern, tapfer, vergessen. ♦ Die unbekannte Internationale♦ ISBN 978-3-86841-093-8♦ 18,00 €

Andreas W. Hohmann & Jürgen Mümken (Hgg.) ♦ Kischenew. Das Pogrom 1903 ♦ ISBN 978-3-86841-123-2♦ 16,00 €

Mathieu Houle-Courcelles ♦ Auf den Spuren des Anarchismus in Quebec (1860-1960) ♦ ISBN 978-3-86841-051-8 ♦ 16,00 €

Maria Regina Jünemann ♦ Die Anarchistin ♦ Historischer Roman ♦ ISBN 978-3-936049-92-3 ♦ 14,00 €

Oskar Kanehl ♦ Kein Mensch hat das Recht, für Ruhe und Ordnung zu sorgen ♦ herausgegeben von Wolfgang Haug ♦ 978-3-86841-146-1 ♦ 18,00 €

Lajos Kassak ♦ Ein Menschenleben ♦ Roman ♦ ISBN 978-3-86841-232-1 ♦ 18,00 €

Ernst Kaufmann ♦ Anderswo weit ♦ Erzählungen ♦ ISBN 978-3-86841-262-8 ♦ 17,90 €

Ernst Kaufmann ♦ Wiener Herz am Sternenbanner ♦ Bruno Granichstaedten ♦ Stationen eines Lebens ♦ ISBN 978-3-86841-096-9 ♦ 18,90 €

Philippe Kellermann (Hg.) ♦ Anarchistische Bolschewismuskritik ♦ 1918-1922 ♦ ISBN 978-3-86841-184-3 ♦ 17,00

Philippe Kellermann (Hg.) ♦ Die Verfolgung des Anarchismus in Sowjetrussland ♦ 1918-1933 ♦ ISBN 978-3-86841-199-7 ♦ 17,00 €

Philippe Kellermann ♦ Marxistische Geschichtslosigkeit ♦ Von Verdrängung, Unwissenheit und Denunziation: Die (Nicht-)Rezeption des Anarchismus im zeitgenössischen Marxismus ♦ ISBN 978-3-86841-060-0 ♦ 19,50 €

Philippe Kellermann ♦ Anarchismusreflexionen ♦ Zur kritischen Sichtung des anarchistischen Erbes ♦ ISBN 978-3-86841-082-2 ♦ 17,00 €

Philippe Kellermann (Hg.) ♦ Anarchismus und Geschlechterverhältnis ♦ Band 1 ♦ 978-3-86841-139-3 ♦ 16,00 €

David Kessel ♦ Außenseitergedichte ♦ Lyrik ♦ ISBN 978-3-936049-77-0 ♦ 9,80 €

Michaela Kilian ♦ Keine Freiheit ohne Gleichheit ♦ Louise Michel (1830 – 1905), Anarchistin, Schriftstellerin, Ethnologin, libertäre Pädagogin ♦ 978-3-936049-93-0 ♦ 17,00 €

Michaela Kilian ♦ Entlarvte Illusionen ♦ Marina Iwanowna Zwetajewa (1892 – 1941) ♦ 978-3-86841-044-0 ♦ 19,50 €

Ulrich Klemm ♦ Bildung ohne Zwang ♦ Texte zur Geschichte der anarchistischen Pädagogik ♦ 978-3-86841-037-2 ♦ 16,00 €

Ulrich Klemm ♦ Mythos Schule ♦ Warum Bildung entschult und entstaatlicht werden muss ♦ Eine Streitschrift ♦ 978-3-86841-003-7 ♦ 11,80 €

Ulrich Klemm ♦ Anarchisten als Pädagogen ♦ Profile libertärer Pädagogik ♦ ISBN 978-3-936049-05-3 ♦ 9,00 €

Ulrich Klemm ♦ Freiheit & Anarchie ♦ Eine Einführung in den Anarchismus ♦ ISBN 978-3-936049-49-7 ♦ 9,80 €

Jochen Knoblauch ♦ Marx vs. Stirner ♦ Oder: Ein Versuch über dieses & jenes ♦ ISBN 978-3-86841-120-1 ♦ 14,00 €

Rachel Kochawi ♦ Die Blut-Braut ♦ Eine politische Liebesgeschichte ♦ Roman ♦ ISBN 978-3-936049-89-3 ♦ 16,00 €

Rachel Kochawi ♦ Nakajima ♦ Eine Erzählung ♦ inkl. DVD „Das 23. Jahr" ♦ ISBN 978-3-86841-007-5 ♦ 16,00 €

Rachel Kochawi ♦ Das Brot der Armut ♦ Die Geschichte eines versteckten jüdischen Kindes ♦ ISBN 978-3-86841-034+1 ♦ 18,00 €

Peter Kropotkin ♦ Worte eines Rebellen ♦ ISBN 978-3-86841-254-3 ♦ 20,00 €

Gustav Landauer ♦ Internationalismus ♦ Ausgewählte Schriften ♦ Band 1 Herausgegeben von Siegbert Wolf ♦ ISBN 978-3-936049-89-3 ♦ 18,00 €

Gustav Landauer ♦ Anarchismus ♦ Ausgewählte Schriften ♦ Band 2 ♦ ISBN 978-3-86841-012-9 ♦ 18,00 €

Gustav Landauer ♦ Antipolitik ♦ Ausgewählte Schriften ♦ Band 3.1 ♦ ISBN 978-3-86841-31-0 ♦ 18,00 €

Gustav Landauer ♦ Antipolitik ♦ Ausgewählte Schriften ♦ Band 3.2 ♦ ISBN 978-3-86841-36-5 ♦ 18,00 €

Gustav Landauer ♦ Nation, Krieg und Revolution ♦ Ausgewählte Schriften ♦ Band 4 ♦ ISBN 978-3-86841-046-4 ♦ 18,00 €

Gustav Landauer ♦ Philosophie und Judentum ♦ Ausgewählte Schriften ♦ Band 5 ♦ ISBN 978-3-86841-068-6 ♦ 22,00 €

Gustav Landauer ♦ Literatur ♦ Ausgewählte Schriften ♦ Band 6.1 ♦ ISBN 978-3-86841-090-7 ♦ 18,00 €

Gustav Landauer ♦ Literatur ♦ Ausgewählte Schriften ♦ Band 6.2 ♦ ISBN 978-3-86841-091-4 ♦ 18,00 €

Gustav Landauer ♦ Skepsis und Mystik ♦ Ausgewählte Schriften ♦ Band 7 ♦ ISBN 978-3-86841-059-4 ♦ 18,00 €

Gustav Landauer ♦ Wortartist ♦ Ausgewählte Schriften ♦ Band 8 ♦ ISBN 978-3-86841-101-0 ♦ 18,00 €

Gustav Landauer ♦ Aufruf zum Sozialismus ♦ Ausgewählte Schriften ♦ Band 11 ♦ ISBN 978-3-86841-133-1 ♦ 18,00 €

Gustav Landauer ♦ Friedrich Hölderlin in seinen Gedichten ♦ Ausgewählte Schriften ♦ Band 12 ♦ ISBN 978-3-86841-152-2 ♦ 18,00 €

Gustav Landauer ♦ Die Revolution ♦ Ausgewählte Schriften ♦ Band 13 ♦ ISBN 978-3-86841-168-3 ♦ 18,00 €

Gustav Landauer ♦ Ein Weg zur Befreiung der Arbeiter-Klasse ♦ Ausgewählte Schriften ♦ Band 14 ♦ ISBN 978-3-86841-194-2 ♦ 18,00 €

Gustav Landauer ♦ Meister Eckharts. Mystische Schriften ♦ Ausgewählte Schriften ♦ Band 15 ♦ ISBN 978-3-86841-203-9 ♦ 18,00 €

Tilman Leder♦ Die Politik eines „Antipolitikers" ♦ Eine politische Biographie Gustav Landauers ♦ ISBN 978-3-86841-098-3 ♦ 49,90 €

Reiner Lehmann♦ Wider die Dummheit ♦ ISBN 978-3-86841-126-3 ♦ 10,00 €

Samuel Lewin ♦ Dämonen des Blutes ♦ Eine Vision ♦ ISBN 978-3-86841-079-2 ♦ 12,00 €

Albert Londres ♦ Die Flucht aus der Hölle ♦ ISBN 978-3-86841-038-9 ♦ 12,00

Miriam Magall ♦ Kindheit in Ägypten ♦ Roman ♦ ISBN 978-3-86841-111-9 ♦ 18,00 €

Miriam Magall ♦ Auf dem Obasute-Yama ♦ oder: Verwirf' mich nicht in meinem Alter!♦ Roman ♦ ISBN 978-3-86841-097-6 ♦ 19,50 €

Miriam Magall ♦ O, Deutschland! Deine Dichter und Denker ♦ Wie deutsche Schriftsteller, Politiker und Kirchen Juden und Israel heute sehen ♦ ISBN 978-3-86841-150-8 ♦ 18,00 €

Subcomandante Marcos ♦ Der Kalender des Widerstandes. Zur Geschichte und Gegenwart Mexikos von unten ♦ ISBN 978-3-936049-24-4 ♦ 13,00 €

Mathias Mendyka ♦ Libertäre Schulkritik und anarchistische Pädagogik ♦ ISBN 978-3-86841-155-3 ♦ 14,00 €

Mujeres Libres ♦ Libertäre Kämpferinnen ♦ ISBN 978-3-86841-221-5 ♦ 17,00

Andreas Losch, Thomas Reichert, Johannes Waßmer (Hgg.) ♦ Alles in der Schrift ist echte Gesprochenheit ♦ Martin Buber-Studien ♦ Band 2 ♦ ISBN 978-3-86841-117-1 ♦ 19,90 €

Mick Lowe ♦ Der alte Provo-Trick ♦ Roman ♦ ISBN 978-3-86841-233-8 ♦ 18,00 €

Orlando Mardones ♦ Mensch, du lebst noch? ♦ ISBN 978-3-86841-241-3 ♦ 14,00 €

Jürgen Mümken ♦ Freiheit, Individualität & Subjektivität. ♦ Staat und Subjekt in der Postmoderne aus anarchistischer Perspektive. ♦ ISBN 978-3-936049-12-1 ♦ 17,00 €

Jürgen Mümken ♦ Anarchosyndikalismus an der Fulda. ♦ ISBN 978-3-936049-36-7. ♦ 11,80 €

Jürgen Mümken (Hg.) ♦ Anarchismus in der Postmoderne ♦ Beiträge zur anarchistischen Theorie und Praxis ♦ ISBN 978-3-936049-37-4 ♦ 11,80 €

Jürgen Mümken ♦ Kapitalismus und Wohnen ♦ Ein Beitrag zu Geschichte der Wohnungspolitik im Spiegel kapitalistischer Entwicklungspolitik und sozialer Kämpfe ♦ ISBN 978-3-936049-64-0 ♦ 22,00 €

Jürgen Mümken ♦ Die Ordnung des Raumes ♦ Foucault, Bio-Macht und die Transformation des Raumes in der Moderne ♦ ISBN 978-3-86841-070-9 ♦ 16,00 €

Jürgen Mümken / Siegbert Wolf ♦ „Antisemit, das geht nicht unter Menschen" ♦ Anarchistische Positionen zu Antisemitismus, Zionismus und Israel♦ Band 1: Von Proudhon bis zur Staatsgründung♦ ISBN 978-3-86841-088-4 ♦ 18,00 €

Jürgen Mümken / Siegbert Wolf ♦ „Antisemit, das geht nicht unter Menschen" ♦ Anarchistische Positionen zu Antisemitismus, Zionismus und Israel♦ Band 2: Von der Staatsgründung bis heute ♦ ISBN 978-3-86841-118-8 ♦ 18,00 €

Aleksander Nakoff ♦ Knast, Lager, Verbannung ♦ ISBN 978-3-86841-234-5 ♦ 14,00 €

Cornelia Naumann ♦ Ich hoffe noch, dass aller Menschen Glück nahe sein muss ♦ Fragmente eines revolutionären Lebens ♦ ISBN 978-3-86841-190-4 ♦ 19,90 €

Ernest Nyborg ♦ Lena Halberg – Paria 97 ♦ Thriller ♦ ISBN 978-3-86841-125-6 ♦ 14,50 €

Ernest Nyborg ♦ Lena Halberg – New York 01 ♦ Thriller ♦ ISBN 978-3-86841-128-7 ♦ 14,50 €

Ernest Nyborg ♦ Lena Halberg – London 05 ♦ Thriller ♦ ISBN 978-3-86841-130-0 ♦ 14,50 €

Ernest Nyborg ♦ Lena Halberg – Der Cellist ♦ Thriller ♦ ISBN 978-3-86841-210-9 ♦ 14,50 €

Abel Paz & die Spanische Revolution ♦ Bernd Drücke, Luz Kerkeling, Martin Baxmeyer (Hgg.) ♦ Interviews und Vorschläge ♦ 978-3-936049-33-6 ♦ 11,00 €

Abel Paz ♦ Durruti ♦ Leben und Tode des spanischen Anarchisten ♦ ISBN 978-3-86841-256-7 ♦ 39,90 €

Abel Paz ♦ Feigenkakteen und Skorpione ♦ Eine Biographie (1921 – 1936) ♦ 978-3-936049-87-9 ♦ 14,00 €

Abel Paz ♦ Anarchist mit Don Quichottes Idealen ♦ Innenansichten aus der Spanischen Revolution ♦ Eine Biographie (1926 – 1939) ♦ 978-3-936049-97-8 ♦ 16,00 €

Abel Paz ♦ Im Nebel der Niederlage ♦ Vertreibung und Flucht ♦ Eine Biographie (1939 – 1942) ♦ 978-3-86841-016-7 ♦ 16,00 €

Abel Paz ♦ Am Fuß der Mauer ♦ Widerstand und Gefängnis ♦ Eine Biographie (1942 – 1954) ♦ 978-3-86841-033-4 ♦ 19,50 €

Alfons Paquet ♦ Kamerad Fleming ♦ Ein Roman über die Ferrer-Unruhen ♦ ISBN 978-3-936049-32-9 ♦ 17,00 €

Franz Pfemfert ♦ Ich setze diese Zeitschrift wider diese Zeit ♦ ISBN 978-3-86841-276-5 ♦ 18,00 €

Anna Piccardi♦ Kontrapunkt 44 ♦ Erzählung ♦ ISBN 978-3-86841-279-6 ♦ 14,00 €

Oliver Piecha ♦ Roaring Frankfurt ♦ Ein kleines Panorama der Frankfurter Vergnügungsindustrie in der Weimarer Republik ♦ ISBN 978-3-936049-48-0 ♦ 17,00 €

Pierre J. Proudhon ♦ Die Bekenntnisse eines Revolutionärs. ♦ ISBN 978-3-9806407-4-9 ♦ 12,45 €

Èmile Pouget ♦ Die Revolution ist Alltagssache ♦ Schriften zur Theorie und Praxis des revolutionären Syndikalismus ♦ ISBN 978-3-86841-105-8 ♦ 18,00 €

Jean-Bernard Pouy ♦ Mord im Paradis der Nackten ♦ Krimi ♦ ISBN 978-3-86841-017-4 ♦ 16,00 €

Manja Präkels ♦ Tresenlieder ♦ Gedichte ♦ ISBN 978-3-936049-23-7 ♦ 10,80 €

Michel Ragon ♦ Das Gedächtnis der Besiegten ♦ Roman ♦ ISBN 978-3-936049-66-4 ♦ 24,80 €

Michel Ragon ♦ Georges & Louise ♦ Der Vendeer und die Anarchistin ♦ Roman ♦ ISBN 978-3-86841-001-3 ♦ 16,00 €

Heinz Ratz ♦ Die Riesen von Guntz und andere ♦ Märchen ♦ ISBN 978-3-86841-263-5 ♦ 18,00 €

Heinz Ratz ♦ Taumel ist mein Leben ♦ Gedichte ♦ ISBN 978-3-86841-181-2 ♦ 10,00 €

Heinz Ratz ♦ **Der Mann, der stehen blieb** ♦ 30 monströse Geschichten ♦ ISBN 978- 3-936049-45-9 ♦ 18,00 €

Heinz Ratz ♦ **Tourgeschichten** ♦ ISBN 978-3-936049-74-9 ♦ 16,00 €

Heinz Ratz ♦ **...um da zu sein für Deine Widerstände** ♦ Ein lyrisches Trotz-, Trost-, Liebes- und Beziehungskarusell ♦ 978-3-86841-028-0 ♦ 12,00 €

Elisée Reclus ♦ **Geschichte eines Berges** ♦ Prosa ♦ ISBN 978-3-86841-087-7 ♦ 16,00 €

Ela Rojas ♦ **Einer dieser chilenischen Tage** ♦ Roman ♦ ISBN 978-3-86841-032-7 ♦ 14,00 €

Thomas Reichert, Meike Siegfried, Johannes Waßmer (Hgg.) ♦ **Martin Buber: Neu gelesen** ♦ Band 1 ♦ ISBN 978-3-86841-075-4 ♦ 19,90 €

Günter Rücker ♦ **Das Karbit-Kommando** ♦ Edelweißpiraten gegen Miesmolche ♦ Comic ♦ ISBN 978-3-86841-142-3 ♦ 14,00 €

Han Ryner ♦ **Nelti** ♦ Roman ♦ ISBN 978-3-86841-006-8 ♦ 14,00 €

Andrea Staid ♦ **Aditi del popolo** ♦ ISBN 978-3-86841-240-6♦ 16,00 €

Renate Sattler ♦ **Risse im Gesicht** ♦ Roman ♦ ISBN 978-3-86841-157-7 ♦ 16,00 €

Renate Sattler ♦ **Kanadischer Sommer** ♦ Roman ♦ ISBN 978-3-86841-195-9 ♦ 16,00 €

Renate Sattler ♦ **MUschelgewand**♦ Roman ♦ ISBN 978-3-86841-251-2 ♦ 18,00 €

Walter Schiffer & Thomas Reichert ♦ **Rückbesinnung und Umkehr** ♦ Zur Bedeutung der jüdischen Tradition bei Martin Buber und Aharon Appelfeld ♦ ISBN 978-3-86841-086-0 ♦ 11,80 €

Walter Schiffer ♦ **Das Andenken verlängern** ♦ Grabsteininschriften der jüdischen Displaced Persons auf dem Zentralfriedhof in Bergen-Belsen ♦ ISBN 978-3-86841-185-0 ♦ 24,50 €

Walter Schiffer ♦ **Nicht vergessen** ♦ Grabsteininschriften auf dem Gelände des ehemaligen KZ Bergen-Belsen ♦ ISBN 978-3-86841-247-5 ♦ 24,50 €

Birgit Schmidt ♦ **Das höchste Ehrgeizideal war, für die Freiheit gehängt zu werden** ♦ Russische Revolutionärinnen ♦ ISBN 978-3-86841-013-6 ♦ 11,80 €

Birgit Schmidt ♦ **Andere Wege: Zwischen Surrealismus, Avantgarde und Rebellion** ♦ Künstlerinnen und Wissenschaftlerinnen in Mexiko ♦ ISBN 978-3-86841-041-9 ♦ 11,80 €

Birgit Schmidt ♦ **Wer war Ruth Oesterreich?** ♦ Auf den Spuren einer vergessenen Sozialistin ♦ ISBN 978-3-86841-058-7 ♦ 11,80 €

Birgit Schmidt ♦ **Ich bin kein Theoretiker, aber ich verstehe den Sozialismus anders** ♦ Leben, Arbeit und Revolte des rumänischen Schriftstellers Panait Istrati ♦ ISBN 978-3-86841-216-1 ♦ 14,00 €

Helga und Wilfried Schwarz ♦ **Die Träume der Märtyrer** ♦ Menschenschicksale in Ungarn und Amerika ♦ ISBN 978-3-86841-239-0 ♦ 19,90 €

Birgit Seemann ♦ **Mit den Besiegten** ♦ Hedwig Lachmann (1865-1918), Deutsch-jüdische Schriftstellerin und Antimilitaristin ♦ ISBN 978-3-86841-073-0 ♦ 16,00 €

Birgit Seemann ♦ **Ein „FEATHER WEIGHT CHAMPION CASSIUS CLAY".** ♦ Eleonore Sterling (1925–1968).♦ Deutsch-jüdische Kämpferin gegen Antisemitismus und Rechtsextremismus ♦ ISBN 978-3-86841-078-5 ♦ 18,00 €

Nivi Shinar-Zamir ♦ **ABC der Demokratie** ♦ Demokratie-Erziehung für Kinder vom Kindergarten bis zur 6. Klasse ♦ 978-3-936049-61-9 ♦ 29,80 €

Augustin Souchy♦ Vorsicht Anarchist ♦ Ein Leben für die Freiheit ♦ ISBN 978-3-86841-255-0 ♦ 20,00 €

Augustin Souchy ♦ Bei den Landarbeitern von Aragon ♦ Der freiheitliche Kommunismus in den befreiten Gebieten ♦ ISBN 978-3-86841-067-9 ♦ 11,00 €

Augustin Souchy ♦ Die tragische Woche im Mai 1937 ♦ ISBN 978-3-86841-164-5 ♦ 16,00 €

Augustin Souchy ♦ Anarchosyndikalistische Kritik an den Bolschewiki ♦ ISBN 978-3-86841-196-6 ♦ 16,00 €

Sulamith Sparre ♦ Eine Frau jenseits des Schweigens ♦ Die Komponistin Fanny Mendelssohn- Hensel ♦ ISBN 978-3-936049-60-2 ♦ 12,00 €

Sulamith Sparre ♦ Denken hat kein Geschlecht ♦ Mary Wollstonecraft (1759 – 1797), Menschenrechtlerin ♦ ISBN 978-3-93604-70-1 ♦ 17,00 €

Sulamith Sparre ♦ Rahel Levin Varnhagen ♦ Salonière, Aufklärerin, Selbstdenkerin, romantische Individualistin, Jüdin ♦ ISBN 978-3-93604-76-3 ♦ 16,00 €

Sulamith Sparre ♦ Das Herz eines Caesar im Busen einer Frau ♦ Artemisia Gentileschi (1593-1654), Malerin ♦ ISBN 978-3-86841-000-6 ♦ 16,00 €

Sulamith Sparre ♦ Aber Göttlich und Außerordentlich reimt sich ♦ Bettine von Arnim (1785 – 1859), Muse, Schriftstellerin, politische Publizistin ♦ ISBN 978-3-86841-009-9 ♦ 17,00 €

Sulamith Sparre ♦ Man sagt, ich sei ein Egoist. Ich bin eine Kämpferin ♦ Dame Ethel Mary Smyth (1858-1944), Komponistin, Dirigentin, Schriftstellerin, Suffragette ♦ ISBN 978-3-86841-038-9 ♦ 17,00 €

Sulamith Sparre ♦ Hier bin ich, die Wegweiserin ♦ Flora Tristan (1803-1844), Sozialistin, Feministin, Schriftstellerin ♦ ISBN 978-3-86841-074-7 ♦ 19,50 €

Sulamith Sparre ♦ La Liberté – die Freiheit ist eine Frau ♦ Der Kampf der Frauen um ihre Bürger- und Menschenrechte in der Französischen Revolution ♦ ISBN 978-3-86841-163-8 ♦ 24,50 €

Sulamith Sparre ♦ Es gibt ein Gedicht, das ist ein Ungedicht ♦ Netti Boleslaw und Tuvia Rübner: Schreiben im Schatten von Auschwitz ♦ ISBN 978-3-86841-188-1 ♦ 16,00 €

Sulamith Sparre ♦ Fremde der Heimat ♦ Sprachzertrümmerung und Welterschaffung in der Dichtung Paul Celans und Tuvia Rübners ♦ ISBN 978-3-86841-197-3 ♦ 16,00 €

Sulamith Sparre ♦ Hannah Shenesh♦ ISBN 978-3-86841-264-2 ♦ 18,00 €

Oliver Steinke ♦ Füchse der Ramblas ♦ Historischer Roman ♦ ISBN 978-3-936049-46-6 ♦ 14,00 €

Horst Stowasser ♦ Projekt A ♦ ISBN 978-3-86841-221,6 ♦ 18,00 €

Valentin Tschepego (Hg.)♦ Machno – Zeugnisse einer Bewegung♦ Von Freund und Feind♦ ISBN 978-3-86841-095-1♦ 11,90 €

Valentin Tschepego (Hg.)♦ Machno – Zeugnisse einer Bewegung♦ Aus Machnos Feder♦ ISBN 978-3-86841-159-1♦ 12,00 €

Leo Tolstoi ♦ Libertäre Volksbildung ♦ Herausgegeben und kommentiert von Ulrich Klemm ♦ ISBN 978-3-936049-35-0 ♦ 14,00 €

Rubén Trejo ♦ Magonismus ♦ Utopie und Praxis in der Mexikanischen Revolution 1910 – 1913 ♦ ISBN 978-3-936049-65-7 ♦ 17,00 €

Raoul Vaneigem ♦ Das Buch der Lüste ♦ ISBN 978-3-86841-287-1♦ 16,00 €

Martin Veith ♦ Unbeugsam ♦ Ein Pionier des rumänischen Anarchismus – Panait Musoiu ♦ ISBN 978-3-86841-076-1 ♦ 19,90 €

Rodrigo Vescovi ♦ Edelmütige Banditen ♦ Comic ♦ ISBN 978-3-86841-181-2 ♦ 19,90 €

Kurt Wafner ♦ Ausgeschert aus Reih' und Glied ♦ Mein Leben als Bücherfreund und Anarchist ♦ Autobiographie ♦ ISBN 978-3-9806407-8-7 ♦ 14,90 €

Kurt Wafner ♦ Ich bin Klabund. Macht Gebrauch davon! ♦ Biographie ♦ ISBN 978-3-936049-19-0 ♦ 10,80 €

Ruth Weiss ♦ Der Judenweg ♦ Roman ♦ ISBN 978-3-86841-218-5 ♦ 16,00 €

Ruth Weiss ♦ Der Aufstieg ♦ Roman ♦ ISBN 978-3-86841-169-0 ♦ 16,00 €

Ruth Weiss ♦ Der Niedergang ♦ Roman ♦ ISBN 978-3-86841-170-6 ♦ 16,00 €

Ruth Weiss ♦ Schwere Prüfung ♦ Roman ♦ ISBN 978-3-86841-171-3 ♦ 16,00 €

Ruth Weiss ♦ Nachspiel ♦ Roman ♦ ISBN 978-3-86841-172-0 ♦ 16,00 €

Ruth Weiss ♦ Wege im harten Gras ♦ Erinnerungen an Deutschland, Südafrika und England ♦ ISBN 978-3-86841-162-1 ♦ 18,00 €

Ruth Weiss ♦ Der spitze Hut ♦ Roman ♦ ISBN 978-3-86841-259-8 ♦ 16,00 €

Ruth Weiss ♦ Der jüdische Kreuzfahrer ♦ Roman ♦ ISBN 978-3-86841-286-4 ♦ 16,00 €

Hand-Joachim Werner ♦ Verbunden im Gegenüber ♦ Martin Buber und der Umgang mit Konflikten ♦ ISBN 978-3-86841-236-9 ♦ 19,90 €

Boff Whalley ♦ Anmerkungen* ♦ zu Chumbawamba und mehr ♦ ISBN 9787-3-86841-021-1 ♦ 18,00 €

Michael Wilk & Bernd Sahler (Hgg.) ♦ Strategische Einbindung ♦ Von Mediationen, Schlichtungen, runden Tischen ... und wie Protestbewegungen manipuliert werden ♦ Beiträge wider die Beteiligung ♦ ISBN 9787-3-86841-095-2 ♦ 14,00 €

Michael Wilk ♦ „Erfahrung Rojava" ♦ Berichte aus der Solidaritätsarbeit in Nord-Ostsyrien ♦ ISBN 9787-3-86841-283-3 ♦ 18,00 €

David H. T. Wong ♦ Flucht zum Goldenen Berg ♦ Comic ♦ ISBN 978-3-86841-144-7 ♦ 19,90 €

Lily Zográfou ♦ Beruf: Porni [Hure] ♦ Kurzgeschichten ♦ ISBN 9787-3-936049-71-0 ♦ 16,00 €

Lily Zográfou ♦ Deine Frau, die Schlampe ♦ Roman ♦ ISBN 9787-3-936049-83-1 ♦ 16,00 €

Lily Zográfou ♦ Ein Aschenputtel mit fünfzig ♦ Roman ♦ ISBN 9787-3-86841-014-3 ♦ 14,00 €

immer aktuell

www.edition-av.de